# 安倍「一強」の秘密

目次

# 序章　安倍「一強」の秘密

「シンゾー、信頼できる友人は君だけなんだ。ぜひイランに行ってくれないか」

令和元（二〇一九）年五月二十六日夕、東京・六本木の炉端《ろばた》焼き店「田舎家」で、じゃがバターや和牛ステーキに舌鼓《したつづみ》を打っていた米大統領、ドナルド・トランプは急に神妙な顔つきとなり、こう言いました。首相の安倍晋三が、イランに対する今後の日本政府の対応を説明した直後のことでした。

イランの核開発をめぐり、米国とイランの軍事的緊張が増していますが、日本はイランと長く友好関係を維持してきました。イラン・イラク戦争最中の昭和五十八（一九八三）年、外相だった安倍晋太郎（故人）は米国の反対を振り切ってイランを訪れ、イラン大統領のアリー・ハメネイ（現最高指導者）と会談し、仲裁役を買って出ています。この時に息子の安倍晋三も外相秘書官として同行していました。

安倍晋三がこうした経緯を説明した上で「国際社会は米国とイランの戦争を望んでいな

い。中東の不安定化は避けなければならない。私も近くイランを訪問するつもりだ」と語ると、トランプの目の色が変わりました。

「そうか。シンゾー、すぐにイランに行ってくれ。来週にでも行ってくれないか？」

ツイッターで連日強硬なつぶやきを続けるトランプもイランとの戦争は望んでいなかったのです。トランプはイランの話がよほど気になっていたらしく、翌二十七日の日米首脳会談でも、二人だけになると「シンゾー、くれぐれもイランのことは頼んだぞ」と念押ししました。

外務省は「イスラエルやサウジアラビアが反発するかも知れません」と懸念を示しました。そこで安倍晋三は五月三十日にサウジアラビア皇太子のムハンマド・ビン・サルマーンに、六月七日にはイスラエル首相のベンヤミン・ネタニヤフにそれぞれ電話をかけ、六月中にイランを訪問する旨《むね》を説明しました。

両首脳とも面白くないはずですが、一切不満を言いませんでした。安倍晋三とトランプの関係をよく分かっているからでしょう。日本が米国とイランの仲裁役として中東和平に乗り出すなどということは過去に例がありません。平成二十四（二〇一二）年十二月、安倍晋三が首相に返り咲いて六年半余り。日本の首相の国際的な地位はここまで向上しているのです。

安倍晋三は六月十二日、トランプとの約束通り、現職首相として四十一年ぶりにイランを訪問し、大統領のハサン・ロウハニと会談し、米国との対話を呼びかけました。ロウハニは「安倍首相の我が国訪問が、両国の協力関係に新たな一ページを開くことに期待している」と歓待しました。

翌十三日にはイラン最高指導者のハメネイと会談しました。安倍晋三は「米国とイランの軍事衝突は誰も望んでいない。中東の安定化に向けて建設的な役割を果たすことを求めたい」と述べ、トランプとの対話を促しました。ハメネイは「五年も六年も協議した核合意から離脱した国と対話する賢者はいるのか? トランプは意思を伝達するに値しない」と対話は拒否しましたが、「日本の誠意と善意は疑わない。我が国は核兵器を製造しないし、保有も使用もしない」と述べました。

ところが、安倍晋三のイラク訪問中に大事件が発生しました。ホルムズ海峡近くのオマーン沖で日本などのタンカー二隻が爆発物で攻撃されたのです。米国は革命防衛隊が関与したとする映像を公開した上で、トランプは「イランがやった。イランがホルムズ海峡の封鎖を試みても米国は断固許さない」とイランを激しく非難しました。イランは「安倍首相の訪問と同時に起きた『怪しい行動』に懸念を表明する。このような不幸な事件の責任を押しつけるのは米国の自分勝手なやり方だ」（外務省報道官）と関与を否定していますが、米国とイランの対立はますます深まりました。安倍晋三にとっては不幸な事件でしたが、もし安倍晋三の訪問前に事件が起きていたら米国とイランの対立は決定的になった可能性もあります。安倍晋三の仲裁役としての重要性は高まったと言えなくもありません。

さて、トランプが訪日したのは、安倍晋三に「改元はスーパーボールの百倍すごい」と言われたからです。何でも「初めて」が大好きなトランプは、令和初の国賓《こくひん》として三泊四日（五月二十五〜二十八日）という、米大統領としては異例の長期日程で日本に滞在しました。即位されたばかりの天皇陛下との会見や宮中晩餐《ばんさん》会、ゴルフ、大相撲観戦など「おもてなし」が続きましたが、安倍晋三はほぼフルタイムでトランプと一緒に過ごしており、イランだけでなく、中国やロシアなどについて安全保障から貿易・経済に至るまで、相当突っ込んだやりとりがあったようです。

最も重要な行事は最終日の五月二十八日にありました。安倍晋三とトランプは神奈川県横須賀市の海上自衛隊横須賀基地を訪れ、事実上の空母となる護衛艦「かが」で海上自衛官と米海軍将兵約五百人を前にこう訓示しました。

**安倍晋三**「日米同盟はこれまでになく強固になった。この『かが』の艦上に我々が立っていることがその証《あかし》です。自衛隊と米軍が私たちと同様に深い友情で結ばれていることを共に喜び合いたい。強固な日米同盟は日米の隊員一人一人の努力によって支えられています。昼夜を違《たが》わず、自由で平和な海を守り続ける諸君を私は誇りに思う。そして祖国から遠く離れた地で平和と安全を守り、日米同盟の抑止力を高める在日米軍のみなさんに敬意を表するとともに、感謝を申し上げたい」

**トランプ**「日本はF35の最大保有国となった。素晴らしい装備で私たちの国々を守ってくれ、広い地域の平和と安全に寄与するだろう。米国の安全保障をも向上させる日本の防衛力向上に対する友人、シンゾー・アベの貢献に感謝したい」

日米両首脳がそろい踏みで、自衛隊と米軍を激励するのは史上初めてです。日米同盟が新たなステップに入ったことを世界に向けて発信した意義は極めて大きいと思います。南シナ海や東シナ海で権益拡大を続ける中国は、さぞやほぞを噛んだことでしょう。

「大成功の旅を終え、日本から戻った。多くの面で大きな進展があった。素晴らしい指導者、アベがいる偉大な国だ。ありがとう日本！」

トランプは帰国直後、こうツイートしました。なぜこれほど安倍晋三を信頼するようになったのでしょうか。理由は平成二十八（二〇一六）年十一月、米ニューヨークのトランプタワーでの初めての会談にありました。翌年一月の就任式を控えたトランプに対し、安倍晋三はこう言いました。

「私とあなたは一つ共通点がある。あなたはニューヨーク・タイムズに徹底的に叩かれた。私も、ニューヨーク・タイムズと提携している日本の朝日新聞に徹底的に叩かれた。だが、勝った」

これを聞くとトランプはニコリと笑い、「俺も勝った！」と親指を突き出しました。「こいつとなら上手くやっていける」と思ったのでしょう。その後、安倍晋三だけには破格の対応を続けてきました。トランプは安倍晋三をこう称えています。

「シンゾーはウオーリアー（勇士）だ。グレート・ウオーリアーだ。文在寅《ムンジェイン》のようなウイーク（弱虫）な奴とは違う。平和、平和と唱えて大統領に当選したような奴はダメだ」

安倍晋三は、トランプの大統領就任と前後して、二期六年だった自民党総裁の任期を三期九年に変えるべく動き始めました。その最大の理由は外交でした。

国際政治の世界では、最初の一年間は「見習い期間」として発言権はほとんどありません。任期最後の一年も「どうせ来年はいないのだから」と相手にされません。つまり旧来の総裁任期（二期六年）では四年間しか外交をできないのです。

これに対して、米大統領の任期は二期八年です。ドイツの首相は任期四年ですが、多選制限はなく、アンゲラ・メルケルは二〇〇五年九月から十三年以上政権を担《にな》っています。民主主義国家かどうか怪しいですが、ロシアのウラジーミル・プーチンは、二〇〇〇年から八年間大統領を務めた後、首相を経て二〇一二年に返り咲き、通算十五年間も大統領の座にいます。中国は二〇一八年に憲法を改正して国家主席の任期（二期十年）を撤廃し、習近平は失脚しない限り、国家主席に終身居座ることができるようになりました。

安倍晋三が総裁三選にこだわった理由もここにありました。「日本の外交力を強化するには、首相の標準任期を三期九年に変えなければならない」と考えたのです。

自民党規約を改正し、平成三十（二〇一八）年九月の総裁選で三選を果たした安倍晋三は令和三（二〇二一）年九月まで任期があります。すでに首相の在任期間は吉田茂（二千六百十六日）や伊藤博文《ひろぶみ》（二千七百二十日）の記録を抜き、佐藤栄作（二千七百九十八日）に迫っています。令和元（二〇一九）年十一月二十日には歴代一位の桂《かつら》太郎《たろう》（二千八百八十六日）

を抜き、憲政史上最長の政権となります。

なぜ安倍晋三はこれほどの「一強」を築き上げることができたのでしょうか。外交成果もあります。アベノミクスによる経済再生も大きな要因でしょう。でも最大の理由は選挙に勝ち続けたことにあります。

安倍晋三は、民主党から政権を奪回した平成二十四（二〇一二）年十二月の衆院選を含めると六年半の間に衆院選三回、参院選三回を乗り切り、すべて勝っています。首相の佐藤栄作はこう言いました。

「選挙をやればやるほど首相の力は強くなる。内閣改造をやればやるほど弱くなる」

実は国政選挙にはある秘密が隠されています。安倍晋三はそれに気づいたから強いのです。

与野党ともに総力戦になるのは、言うまでもなく参院選ではなく衆院選です。政権を賭けた戦いとなるからです。衆院は小選挙区（定数二百八十九）と比例代表（定数百七十六）の定数四百六十五ですが、重要なのは小選挙区で各党の公認候補がトータルで何票を獲得するか。これが党勢を示すバロメーターなのです。

平成八（一九九六）年に小選挙区比例代表並立制が導入されて以来、自民党が小選挙区で最も得票したのは、平成十七（二〇〇五）年九月の衆院選の約三千二百五十一万票でした。首相の小泉純一郎による郵政選挙です。この時、郵政民営化法案で造反し、刺客《しきゃく》を立てられた面々も約八百万票を獲得しました。日本の有権者総数はほぼ一億人なので、国民の四割が自民党系に投票したことになります。これはちょっとあり得ない数字。まさに小泉マジックなのです。これは例外なので分析の対象から外します。

では次に自民党が小選挙区で得票したのはいつか。実は首相の麻生太郎が任期満了ギリギリに実施した平成二十一（二〇〇九）年八月の衆院選でした。民主党が圧勝して三百八議席を獲得したのに対し、自民党は百十九議席と惨敗しましたが、小選挙区ではトータルで約二千七百三十万票も得票していました。

安倍晋三が政権を奪還した平成二十四（二〇一二）年十二月の衆院選では、自民党は二百九十三議席も得ましたが、実は約二千五百六十四万票しか獲得していません。消費税率引き上げ延期をめぐり、電撃解散した平成二十六（二〇一四）年十二月の衆院選は二百九十議席を得ましたが、小選挙区の得票は約二千五百四十六万票にすぎませんでした。

なぜ、約二千七百三十万票も獲得した平成二十一年の衆院選で自民党は惨敗したのでしょうか。民主党が小選挙区で約三千三百四十七万票も獲得したからです。その民主党は、平成二十四年の衆院選では半数にも満たない約一千三百五十九万票しか得票できませんでした。代わりに日本維新の会が比例代表で一千二百万票超、みんなの党も五百万票超を獲得しています。

つまり、こういうことなのです。自民党は小選挙区で二千六百万票前後を常に安定して叩き出す政党でほとんど「風」など吹いていません。「風」は常に野党の方で吹いているのです。そして、この二千六百万票という得票は敵（野党）が割れている限り無敵です。でも敵が一致結束すると逆立ちしても勝てない数字なのです。

ちなみに森喜朗《よしろう》が首相だった平成十二（二〇〇〇）年六月の衆院選で自民党は、小選挙区で約二千四百九十四万票しか獲得できませんでしたが、かつがつ勝利しています。この時は鳩山由紀夫が率いる民主党と、小沢一郎が率いる自由党が割れていたからです。この結果を受けて小沢一郎は、民主党との「民由合併」に動き出したのです。

安倍晋三もこの原理に気づいたからこそ、常に敵（野党）を割る方向で動くのです。日本維新の会を厚遇するのも、連合（日本労働組合総連合会）が強く要請してきた「働き方改革」に踏み切ったのも、敵を割るための策謀とみてよいでしょう。敵が割れた状態を保っていれば、いつでも解散できます。常に解散を匂わせていれば、与野党ともに震え上がる。

これが「一強」の秘密なのです。

安倍晋三が踏み切った衆院選で、もっとも厳しかったのが平成二十九（二〇一七）年十月の衆院選でした。この時は学校法人森友学園と学校法人加計《かけ》学園のいわゆる「もり・かけ」疑惑により内閣支持率が下落していましたが、北朝鮮の核・ミサイル問題をめぐり、米国は三つの空母打撃群を北朝鮮周辺海域に急派し、いつ朝鮮有事が起きてもおかしくない情勢でした。「朝鮮有事になれば日本も大混乱に陥《おちい》り、衆院選をやる余裕などなくなる」。そう考えて安倍晋三は解散に踏み切ったのです。

ところが、想定外の動きが起きます。この年の八月に東京都知事となった小池百合子が「希望の党」を結成し、民主党（当時は民進党）を糾合《きゅうごう》し始めたのです。「もり・かけ」疑惑でただでさえ手負いなのに、希望の党を軸に野党が一本化すれば、自民党は大敗することもありえました。この頃の安倍晋三の顔には悲壮感が漂《ただよ》っていました。

ここで小池百合子が大きなミスを犯します。希望の党の入党条件として、安保法制への賛成を「踏み絵」に掲げたのです。これは政権政党となるための良識的な判断ではあります。小池百合子も防衛相経験があるだけに、安倍晋三が朝鮮有事を想定して動いていることが分かったのでしょう。朝鮮有事になれば「戦争法反対」とプラカードを掲げる連中と一緒に政権運営はできませんから。しかし、小池百合子の「排除」の論理に民主党左派は猛反発し、枝野幸男《えだのゆきお》は立憲民主党を立ち上げました。

安倍晋三はつくづく強運の持ち主だと思います。期せずして、またもや敵が割れてくれたのです。こうなったら自民党は負けません。自民党は小選挙区で計約二千六百五十万票を得票し、比例代表を合わせると二百八十四議席を得ました。定数が四百六十五に減っていることを勘案したら、またもや大勝利です。希望の党は五十議席で、立憲民主党の五十五議席に及びませんでした。比例代表でも希望の党は約九百六十七万票しか取れず、立憲民主党（約一千百八万票）の後塵《こうじん》を拝しました。

それでも小池百合子が東京都知事を辞めて、衆院選に出馬していたら、自民党はもっと議席を減らしていたでしょう。そうなると安倍晋三は求心力を失い、平成三十（二〇一八）年秋の自民党総裁選での三選にも黄信号が灯《とも》ったと思います。おそらく小池百合子は野党党首に甘んじるくらいなら、東京都知事として東京五輪・パラリンピックを主催した方がよいと思ったのでしょう。その計算高さが命取りとなりました。

野党も一本化しなければ自民党に勝てないことは理解しています。ただ、悪夢だった民主党政権の記憶が国民に残っており、支持率は相変わらず低迷しています。そこで共産党まで含めた統一候補擁立を模索していますが、これは政党として自殺行為ではないでしょうか。「孤高の党」だった共産党にとってもマイナスしかないように思います。

令和元（二〇一九）年夏の参院選は目前に迫っています。勝敗の帰趨《きすう》を決めるのは三十二の一人区です。一人区は衆院の小選挙区制と同じで、野党共闘が成立すれば、多くの自民党候補は苦境に立たされるからです。枝野幸男率いる立憲民主党と、小沢一郎を迎え入れた国民民主党は、今はにらみ合っていますが、生き残りをかけて手を結ぶことも十分考えられます。

安倍晋三の強みは、必要だと判断したら、躊躇《ちゅうちょ》なく解散の引き金を引くことにあります。さて安倍晋三は「一強」を維持するために、どんな策謀をめぐらすのでしょうか。そして令和三（二〇二一）年秋の自民党総裁任期までに、悲願である憲法改正を実現できるかが焦点となります。

私は平成十四（二〇〇二）年七月に産経新聞政治部に配属されて以来、安倍晋三という政治家と彼に連なる人脈を取材してきました。安倍晋三がどんな挫折を繰り返しながら、「一強」の実力を蓄《たくわ》えてきたのか。その深層に迫っていきたいと思います。

なお、文中の登場する政治家は原則敬称を略し、フルネーム表記としました。政治家は功罪ともに歴史に名を残す存在である。歴史の一部ならば敬称は不要だと考えました。

# 第一章

# 頑固で過激

## ——政治家安倍晋三の素顔

# 事件記者が見た永田町

平成最後の日となった平成三十一（二〇一九）年四月三十日、私は産経新聞社を退社しました。平成二（一九九〇）年入社ですので、平成のほぼすべてを産経新聞の記者として過ごしてきたことになります。

平成は決して平穏な時代ではありませんでした。日本が戦火に見舞われることこそありませんでしたが、阪神大震災や東日本大震災など幾多の大災害を経験しました。バブル崩壊と、その後の長引く景気低迷により、日本の経済・産業構造は大きく変わりました。政界も数々の政変がありました。日本のＧＤＰの十分の一にすぎない後進国だった中国は、経済的にも軍事的にも日本を遙かに凌駕《りょうが》する超大国となり、南シナ海、東シナ海、そして太平洋にまで触手を伸ばすようになりました。北朝鮮でさえも核・ミサイルを保有してしまいました。

あらゆる意味で激動の時代だったといえます。日本にとっては試練の連続でしたが、新聞記者として、その最前線で取材できたことは幸せでした。私が入社した際、ベテラン記者が「生まれ変わってもまた新聞記者をやりたい」と言っているのを聞き、「そんなものかな」と思っていましたが、今は心からそう思います。

と言っても、最初から新聞記者を志していたわけではありません。進学したのは京都大学農学部農学科でした。父親が医者だったこともあり、現役の時は九州大学医学部を受けたのですが、不合格となり、その悔しさから「世界を救うのは医よりも農だ」と格好つけて受験しただけです。当時は小麦や稲の多収品種が「緑の革命」ともてはやされ、バイオテクノロジーも注目を集めていたからです。

ところが、実際の研究は大違いでした。「稲の遺伝子分析」と言えば聞こえはよいのですが、実際にはチョー地味な作業の連続でした。さまざまな遺伝的系統を持つ稲を圃場《ほじょう》（実験用農場）に植え、稲が生長する夏の間に穂の出る時期、背丈、穂や葉の数、穂の長さなどを一つ一つ計測し、冬の間にそのデータを解析するわけです。雨の日も風の日も地下足袋《じかたび》で圃場に入り、計測を続けました。

このような研究に嬉々《きき》として取り組む同級生を横目に「これはとても耐えられない。早く逃げ出さなければ」と思いました。そこで唐突に思いついたのが新聞記者でした。なぜ思いついたのか、よく思い出せませんが、とにかく公務員や普通の会社員になるよりは新聞記者の方が面白そうだと思ったのです。

私の出身地・福岡では当時、産経新聞は売っていなかったので、その存在さえ知りませんでした。京大生協の片隅にあった新聞の自動販売機に青い題字で妙に白い紙面の新聞を見つけ、「何だ。この新聞は？」と買ってみたのが始まりです。当時はソ連崩壊期であり、平成元（一九八九）年六月には中国で天安門事件が起きました。産経新聞は「それ見たことか」と言わんばかりに社会主義の矛盾を連日のように書き立てていました。社会主義への憧憬《どうけい》がまだまだ強かった時代です。「こんな新聞があるのか」と心底驚き、入社試験を受けることにしました。読売新聞も受けようかと思いましたが、入社試験が田植えと重なったため断念しました。

今では考えられませんが、当時、新聞記者は花形の職業でした。志望者はマスコミセミナーなどに通い、小論文や面接の勉強をするケースが多かったようですが、理系だったのでそんなことも知りませんでした。ただ、農学部出身というのは有利でしたね。「どんな研究をしているのか」「農業の将来は？」と専門分野に質問が集中してくれるからです。私は面接担当者に農学の浅はかな知識をひけらかし、「科学記者として自然科学研究の最前線を読者に伝えたい」などと適当なことを言って、上手い具合に職を得ることができました。バブル真っ盛りで何でもありの時代。そういう意味でもつくづくラッキーな人生だったと思います。

こんな調子ですから、政治や経済にはほとんど関心はありませんでした。今でこそ「産経の黒シャツ」と呼ばれ、私を政治部記者の代表格だと思っている方も多いようですが、志望調査で「政治部」と書いたことは一度もありません。そもそも私の政治部歴は通算十二年半に過ぎません。記者生活の半分は事件記者でした。

振り出しは奈良支局でした。その後、京都総局に異動しましたが、悠久の歴史を持ち、文化の香り高い二つの地域にいながら、サツ回り（警察・司法担当）しかやっていません。その後、大阪本社社会部に異動になりましたが、ここでも事件三昧《ざんまい》。七年半にわたる大阪社会部の大半を大阪府警担当として夜討ち朝駆けに費やしました。特に詐欺や汚職、金融事件などを担当する捜査二課担当が長く、住専《じゅうせん》問題などバブル崩壊後の金融事件を数多く取材しました。

これはこれで楽しかったですね。バブル紳士や闇社会の人たちはアクの強い人ばかりでしたが、付き合ってみると、実に味のある人が多かった。彼らのファッションセンスに合わせて黒シャツを着るようになったのは、このころからです。

バブル崩壊後に、闇紳士と付き合いのあったエネルギッシュな実業家が次々にパージされ、経済界はバランスシートばかりを眺めている小粒な人だらけになってしまったように思います。「失われた二十年」と言われる長い不況から抜け出せなかったのは、これも要因の一つだと思っています。

当時の関西は事件報道の花盛りでした。神戸の連続児童殺傷事件や、和歌山の毒カレー事件、大阪教育大附属池田小学校での児童殺傷事件など大きな事件が連日のように紙面を賑《にぎ》わせました。大阪府警のサブキャップ兼公安担当の時は、大阪市西成《にしなり》区と高槻《たかつき》市に潜伏していた日本赤軍幹部の重信房子《しげのぶふさこ》（服役中）が逮捕されました。まさに事件記者が花形の時代。社会の暗部をすっかり知った気になっていた私は、事件記者として大阪に骨を埋《うず》めるつもりでした。

ところが、ある日、大阪代表の住田良能《すみだながよし》（後の社長、故人）に呼ばれ、こう言われたのです。

「君は事件でいろいろとスクープを書いているみたいだけど、全く違う二つの部署で活躍しない限り、私は一人前の記者だと認めないよ」

「なんだ？　このおっさんは？」と思いましたが、この数カ月後、東京本社政治部に異動となりました。平成十四（二〇〇二）年七月のことです。これは焦《あせ》りましたね。それまで「新聞は社会面のある後ろから読むものだ」と思っていたからです。社会面と地域面とスポーツ面を読めば読了です。政治ニュースや国際ニュースは見出しをチラリと眺めるくらい。ほとんど興味はありませんでした。

社会部記者は事象こそがニュースだと思っています。殺した、殺された、盗んだ、盗まれた、騙《だま》した、騙された——。そんな事象の裏にこそドラマがあり、それがニュースになるのだと。

ところが、政治部では、政治家が何を言ったかがニュースなんですよ。社会部記者は「言っただけだろ」と思うわけです。「誰と誰が飯を食った」というのもニュースになる。これも「そりゃ、政治家だって人間なんだから、誰かと飯ぐらい食うだろ」と不思議で仕方ありませんでした。

しかも政治部記者は各社とも毛並みがいい。高学歴で語学堪能《たんのう》な人も多く、外交、防衛、財政、歴史とあらゆる分野について、よく勉強しています。私は「これはとてもなじめない。適当に東西本社の親善大使をやって、とっとと大阪に帰ろう」と思い、大阪時代の黒シャツを着続けることにしました。いきなり白シャツを着始めると、大阪の連中に「東京に魂を売った」と言われるに決まっているからです。

当時の首相は小泉純一郎でした。大阪風に言えば、「けったいなおっさん」でしたね。自民党の大半の議員を「抵抗勢力」呼ばわりし、「改革なくして成長なし」と唱えながら、ひたすら郵政民営化に突き進んでいました。

これなんですよ。力のある政治家は、その発言が現実になるべく動きだすのです。力のある首相が「これはこうした方がいいんじゃないかな」とポツリと言った瞬間から、官僚たちは「今の発言はこういう意味じゃないか」と勝手に忖度《そんたく》しながら動きだします。郵政民営化だって、小泉純一郎が首相就任当初は多くの人が「そんなのできっこないじゃないか」と思っていたはずです。政界は古今東西、言葉が現実になる「言霊《ことだま》の世界」。だからこそ政治家の言葉はニュースなのです。

## 政治家の「手打ち」はヤクザ式

では、政治部記者はなぜ政治家の会合を追うのか。分かりやすい例がありました。当時の政治部記者が最も注目していたのは、小泉純一郎、前首相で清和《せいわ》政策研究会（清和研）

会長の森喜朗《よしろう》、自民党参院幹事長の青木幹雄《みきお》の三者会談でした。この場で半年以上先まで政治日程の大枠が決まってしまうからです。

実はこれは三者会談ではないのです。ヤクザの世界の「手打ち盃《さかずき》」なんです。小泉純一郎、青木幹雄の「手打ち」を、双方と親しい森喜朗が仲裁人として見届ける儀式なのです。

**小泉純一郎**「青木さん、次の通常国会で郵政民営化をやらせてもらえないか」

**青木幹雄**「ほーっ。では参院の公認は全部こっちでやらせてもらわないと困るわね」

まあ、こういった案配《あんばい》で二人で取り決めをし、森喜朗が「ま、そういうことでよいかな」と割って入り、話がまとまるわけです。もし約束を違《たが》えたら仲裁人も「恥をかかされた」と敵に回ることになります。ヤクザそのものじゃないですか。この仕組みに気づき、政界に妙な親近感を感じるようになりました。

衆参両院合わせて永田町には政治家が七百人以上います。保守的な人、リベラルな人、賢い人、馬鹿な人、金に汚い人、清廉潔癖《せいれんけっぺき》な人、怒りっぽい人、寛大な人——。政界は社会の縮図なので色々な人がいるのは当たり前と言えば当たり前ですが、ただ一点、一般社会と大きく違う点があるんです。それは何か？　全員キャラが濃いのです。選挙で当選しようと思えば、最低でも数万人に自分のフルネームを書いてもらわなければならない。ですから賢かろうが、馬鹿であろうがキャラが濃い人しか当選できません。

キャラが濃い人には共通点があります。キャラが薄い人が見えないことです。傍《そば》にいても全く気づかない。政治家は与野党ともに、そこそこのポストに就くと十人以上の番記者に囲まれますが、彼らはキャラの薄い記者の顔をほとんど認識していません。水木しげるの漫画の背景に描かれる人々のようにみんな同じに見えるのでしょう。ですからキャラの濃い数人の記者の顔色をうかがいながら話をするのです。その点、私は意地を張って黒シャツを着続けて本当によかったと思います。永田町に黒シャツの記者などほとんどいないので、政治家は「あの黒い男は一体なんだ？　俺をにらみつけやがって」と思うので努力せずとも覚えてもらえました。

政治部になじんでくると、政治部記者も大半は大したことがないことに気づきました。政治家の言葉を記事にするのですが、政治家が言葉を発した本当の理由や背景を理解している記者はほとんどいません。オフメモ（政治家のオフレコ発言のメモ）を見ながら、あれこれと講釈をたれているだけなんです。「偉そうに言っているけど知識をひけらかしてるだけじゃないか。新聞記者ならば、偉そうに講釈する前に政治家の本音をしっかり取材しろよ」。そう思って、もう少し政治部に残ることにしました。

その後、元事件記者の端《はし》くれとして、政界のダイナミズム、政治の舞台裏を読者にリアルに伝えることを目指して政治報道を続けてきました。政治部記者があまり書かない政治家の口調や癖、表情など細かい描写をそのまま記事にしました。これが予想以上に好評で、その後もずるずると政治部に残り、最後は政治部長までやらせてもらいました。今となっては「政治部に来てよかった」と心から思っています。

色々な事情があり、そんな記者生活にもピリオドを打ちました。無職となってゆっくりと自分の政治部人生を振り返ってみると、私が知り合った政治家の素顔、政界の舞台裏はやっぱり面白い。これは多くの人に知ってもらった方がよいのではないか。そう思って筆を執《と》ることにしました。ここ十数年の政界のダイナミズムの一端が伝わり、今後の政治報道を読み解く一助となれば幸いです。

## 安倍晋三、政治家としての原点

平成十四（二〇〇二）年に大阪社会部から政治部に異動となり、官邸クラブ（内閣記者会）に配属され、初めて担当したのが、官房副長官だった安倍晋三でした。実は、外相や自民党幹事長を歴任した安倍晋太郎（故人）の息子であることくらいしか基礎知識はありませんでした。

安倍晋三はまだ当選三回の四十七歳。実に気さくで面倒見のよい人でした。出勤時は渋谷区富ヶ谷《とみがや》の自宅に朝駆けに来た記者の先着二名を車に同乗させ、夜もどんなに遅くなろうとも夜回りに来た記者には丁寧に応対していました。週二回は午後九時すぎから、都内の赤坂の全日空ホテル（現・ＡＮＡインターコンチネンタルホテル東京）で番記者相手に一時間ほど懇談をやっていました。土日はテレビに出演したり、若手議員の地元に入って応援演説を行いました。同行した記者たちと一緒に飯を食い、新幹線の車中や飛行場の待合室などでも懇談していました。安倍晋三が一年三百六十五日間、ほとんど休みなく働くので、番記者も休みはありませんでしたが、あまり苦痛ではありませんでした。ＮＨＫの岩田明子女史や元ＴＢＳの山口敬之《のりゆき》氏ら、安倍晋三と親しい記者のほとんどが官房副長官番経験者である理由がお分かりだと思います。

懇談の中身は真面目な話が多かったですね。「現行憲法で敵のミサイル基地攻撃は可能か」「PKOで自衛隊による駆けつけ警護はどこまで可能か」「米国の核の傘は本当に有効なのか」など安全保障に関する議論が多かったように思います。ある時、私が「じゃあ、安倍さんが総理になったら、まず集団的自衛権を行使できるよう憲法解釈を変えなければなりませんね」と言うと、安倍晋三はこう答えました。

「総理になれたんだったら、そんなことだけでは満足しないよ」。官房副長官の頃から「自民党総裁として首相になれるならば、憲法改正をやらねばならない」と心に決めていたのです。

安倍晋三の祖父、岸信介《のぶすけ》（故人）は首相就任当初から日米安保条約改定を政権の主要課題に掲げていました。そしてその先に沖縄返還と憲法改正を見据えていました。首相秘書官だった安倍晋太郎が「得意の経済で勝負してはどうですか」と進言すると岸信介は鼻で笑ってこう言ったそうです。

「総理っていうのはそういうもんじゃない。経済は官僚がやってもできる。何か問題が生じたら正してやればいいんだ。首相であるからには外交や治安にこそ力を入れねばならんのだ」

岸信介のDNAを強く受け継いだ安倍晋三が「首相」というポストをどう考えているか、

よく分かるエピソードだと思います。

そんな安倍晋三はある日、落選中の若手議員を激励するため、その議員の選挙区に入りました。田んぼの中にポツンと建っている公民館のような施設で、その若手議員は深々と頭を下げて支持者に落選を詫び、続いて夫人と幼い子どもも「お父さんをよろしくお願いします」と頭を下げました。その帰り、安倍晋三は駅のホームのベンチで新幹線を待ちながらポツリとつぶやきました。

「奥さんやお子さんのああいう姿を見せられるとグッときちゃうよね。俺も幼い頃、そうだったんだよ。親父が落選中は週末ごとにお袋と山口に帰って後援会の方々に頭を下げて回ったんだよな……」

これが政治家・安倍晋三の原体験なのです。安倍晋太郎は、毎日新聞記者や岸信介の首相秘書官などを経て、昭和三十三（一九五八）年の衆院選で旧山口一区から初当選を果たしましたが、三回目のチャレンジとなる昭和三十八（一九六三）年の衆院選で落選しました。よほどショックだったようで安倍晋太郎は半年ほど寝込んでしまいました。小学生だった安倍晋三の目には、暑い夏の日に「クソッ、クソッ」と言いながら庭の草むしりをしている父親の姿が焼き付いているそうです。

安倍晋太郎は復活当選に向け、政治活動を再開しましたが、再び窮地《きゅうち》に陥《おちい》るような出来事がありました。後援会長だった地元財界の大物で元衆院議員の林佳介《よしすけ》(故人)が、息子の林義郎《よしろう》(故人、元蔵相)の擁立《ようりつ》に動き始めたのです。安倍後援会は真っ二つに割れてしまいました。林佳介の孫、林芳正《よしまさ》は、農林水産相や文部科学相などを務めた参院議員ですが、地元・山口で安倍後援会と林後援会が今なおいがみ合っているのは、このような経緯があるからです。

小学生だった安倍晋三はある日、落選中の父親に親族会議に連れていかれました。すると親族の一人が安倍晋太郎に向かってこう言ったそうです。

「君は政治家に向かないんじゃないかな。後のことは家族を含めて私たちがちゃんと面倒を見るから、この際、きっぱり諦めたらどうだ？」

すると安倍晋太郎は、息子のいる前で土下座をし、「政治家としてまだまだやりたいことがあります。もう一度だけチャンスをください」と涙ながらに訴えたそうです。

このような落選中の父親の背中を見せられ、長男の安倍寛信《ひろのぶ》は「政治家にはなりたくない」と言うようになり、次男の安倍晋三は逆に政治家を志すようになったそうです。ですから私は、安倍晋三の政治家としての原点は父親の落選にあると思っているのです。

安倍晋太郎に政治家を断念するよう促《うなが》したのは、一体誰でしょうか。安倍晋三は「祖父（岸信介）ではなかった。別の親戚だ」と言いますが、そんなに厳しいことを言う人が岸信介の他にいるでしょうか。私は岸信介ではなかったかと今も疑っています。

安倍晋三は選挙区（衆院山口四区）で常に七割超の得票率を誇っていますが、選挙では一切手を抜きません。若手の頃から仲間の選挙応援にも熱心に取り組んできました。落選して不幸になるのは政治家だけではない。その家族や仲間など多くの人を巻き込んでしまう。そう思っているからでしょう。

## 小泉訪朝と福田康夫との確執《かくしつ》

安倍晋三は官房副長官当時、官房長官だった福田康夫（後に首相）ととにかく仲が悪かった。岸信介の孫で安倍晋太郎の息子である安倍晋三と、元首相の福田赳夫《たけお》（故人）の息子、福田康夫は、ともに清和政策研究会（清和研）の正統な継承者でしたが、性格も、思想・信条も、政治手法も全くそりが合わない。福田康夫は安倍晋三が次に何を仕掛けてくるのか、気になって仕方がないし、安倍晋三も同じです。記者たちも福田番と安倍番で腹を探り合うという暗闘が続きました。

政治部に赴任してわずか二カ月後の平成十四（二〇〇二）年九月、政治が大きく動きました。小泉純一郎の訪朝です。ここで安倍晋三と福田康夫の対立は決定的となりました。

福田康夫は、日朝交渉の責任者だった外務省アジア大洋州局長、田中均《ひとし》（後の外務審議官）と足並みをそろえ、日朝国交正常化を一気に進めようとしました。これに対して、安倍晋三は「拉致《らち》問題の解決なくして国交正常化などありえない」と踏ん張りました。拉致議連（北朝鮮に拉致された日本人を早期に救出するために行動する議員連盟）を主導し、北朝鮮に融和的だった当時の政府・与党を野党顔負けに批判してきただけに、「北朝鮮には拉致だけでなく核やミサイルの問題もある。それを解決せず性急に国交正常化をすれば、国益に反するばかりか、将来に大きな禍根《かこん》を残す」と言って譲りませんでした。

九月十七日に平壌で行われた日朝首脳会談に安倍晋三も同行しました。小泉純一郎はいつになく緊張していました。「親善ではなく交渉にきたのだ」と言って昼食会も断り、午前と午後の二回の首脳会談を行いました。北朝鮮国防委員長の金正日《キムジョンイル》（故人）は午後になって拉致を認め、謝罪しました。そこで両首脳は「日朝平壌宣言」を交わし、十月十五日に蓮池薫《はすいけかおる》・祐木子《ゆきこ》夫妻ら拉致被害者五人が帰国しました。

しかし、北朝鮮が、日本政府に対し、横田めぐみさんら八人を「死亡した」と報告したこともあり、日本では、北朝鮮に対する怒りが吹き荒れていました。そんな中で田中均らは「北朝鮮との約束通り、五人を一度北朝鮮に戻すべきだ」と主張し、福田康夫もこちらに与《くみ》しました。これに対し、安倍晋三は「なぜ拉致した国に拉致被害者を返すのか。絶対に返すべきでない」と言い張り、激しく対立しました。最終的に、世論に敏感な小泉純一郎が、安倍晋三の主張に乗り、五人は日本に残ることになりましたが、もしここで五人を北朝鮮に戻していたら、おそらく五人は二度と日本の土を踏んでいなかったと思います。小泉政権は大きく傾いていたことでしょう。

田中均ら当時の政府・外務省は年内の国交正常化を目指していました。もし、安倍晋三が踏ん張らなければ、五人の一時帰国だけで拉致問題にピリオドが打たれ、核やミサイルの問題もおざなりのまま国交正常化していた可能性が十分あります。そうなれば日朝平壌宣言に基づき、日本は北朝鮮に多額の経済協力を行い、米ブッシュ政権との関係もおかしくなっていたはずです。小泉外交は実に危なっかしかったのです。

## ニッポンの大旦那　麻生太郎

日朝首脳会談を契機に、安倍晋三は一躍時《いちやく》の人となりました。平成十五（二〇〇三）年秋の内閣改造で、小泉純一郎は、安倍晋三を自民党幹事長に抜擢《ばってき》しました。衆院任期が迫っていたため、人気者の安倍晋三を「選挙の顔」として使おうと考えたのでしょう。

私は幹事長番になるものだと思っていましたが、当時の政治部長の北村経夫《つねお》（現参院議員）に「君は郵政民営化をやってくれ」と言われ、安倍晋三としばしお別れすることになりました。とはいえ、郵政民営化担当と言われても、まだ法案さえできていない段階で何をしてよいのか分かりません。とりあえず旧郵政省や旧自治省などを統合した総務省を回ることにしました。

平成十五（二〇〇三）年秋の内閣改造で総務相となったのは麻生太郎でした。嫌みばかりを言う「取っつきにくそうなおっさん」だと思っていたのですが、これが実に味わい深い政治家でした。当時政治部次長で麻生太郎の熱烈な信者だった松野康典《やすのり》（故人）の紹介で麻生太郎と初めて会ったのは、ホテルオークラ別館のバー「ハイランダー」でした。

「なんだ、お前は、福岡の出身なのか。なにっ、修猷《しゅうゆう》（福岡県立修猷館高校）出身なのか？山拓《やまたく》（当時副総裁の山﨑拓《やまさきたく》）の後輩じゃねえか。ろくなもんじゃねえな」

べらんめえ調の乱暴な口ぶりですが、屈託のない笑顔がかわゆいおっさんでした。よく麻生太郎は「半径一メートルの男」と言われますが、その通りです。半径一メートル内に近づくとその魅力がよく分かるのです。

麻生太郎は、「炭鉱王」と言われる麻生太吉《たきち》（故人）のひ孫で麻生財閥の事実上の総帥でもあります。母方の祖父は元首相の吉田茂（故人）、曾祖父は牧野伸顕《のぶあき》（故人）、高祖父は大久保利通《としみち》（故人）です。さらに義父は元首相の鈴木善幸《ぜんこう》（故人）、義弟は現五輪担当相の鈴木俊一で、皇室にも血縁があります。これほど華麗なる閨閥《けいばつ》を誇る人物は、政界にもほとんど残っていません。

祖父の吉田茂に似たのか、口が悪く失言も多いのですが、「銀のスプーン」どころか「金のスプーン」をくわえて生まれてきただけに、その立ち居振る舞いに何とも言えない気品があります。店に入ると皺《しわ》にならぬようスーツを自分でハンガーにかけ、トイレで手を洗った後はハンドペーパーで洗面台の回りをきれいに拭きます。フォーク・ナイフの持ち方、葉巻のくわえ方。何気なくやっている動作の一つ一つが「粋《いき》」なのです。

思い出一つ一つが「歴史」なのも驚きでした。例えば、こんな話をしていました。

「俺が弟（麻生次郎、故人）と爺さんの家で遊んでいたら、玄関がバタンと開いてな。げっそりと痩せた眼光の鋭い爺さんがコツンコツンと杖をついてこっちに向かってくるわけよ。着物にトンビ（和装用マント）を着てるんだが、風でバタバタなびいてね。俺と弟は『黄金バットが来た』と廊下の端で固まってたんだ。そしたら、その爺さんは俺たちの前でピタリと止まってジーッと見つめて『お孫さんか？　ええ子になれよ』って言うんだよ。子供ながら、この爺さんはタダ者じゃねえ、と思ったよ」

「誰の話をしているのか」と思って聞いていると、なんと三木武吉《ぶきち》でした。日本民主党総務会長などを歴任し、保守合同を成し遂げた三木武吉は常に吉

麻生太郎

田茂と反目していましたが、乾坤一擲《けんこんいってき》の会談の場に少年・麻生太郎は居合わせていたわけです。吉田茂が「ちょっと孫と本を読みにいく」と言って国会図書館に行き、共産党の徳《とく》田球一《だきゅういち》と密会しているのも何度も目撃したそうです。

吉田茂の妻、雪子は戦前に早世《そうせい》したため、首相時代は、長女で麻生太郎の母親である麻生和子（故人）がファーストレディー役を務めていました。麻生太郎の父親、麻生太賀吉《たかきち》（故人）は麻生炭鉱の総帥でしたが、義父である吉田茂に惚れ込んで、側近兼スポンサーとして支え続けました。「義父《おやじ》を支えるのに議員バッジをつけていないと不便だ」と衆院議員になったのですが、「役職に就いたら親父を支えられなくなる」と無役を貫き、吉田茂とともに引退しました。これはこれですごい人だと思います。

東京渋谷・神山町《かみやまちょう》の吉田茂邸（現麻生太郎邸）に筑豊《ちくほう》から送られてくる石炭袋の中に、札束がぎっしり詰まった袋が隠されており、麻生太賀吉は夜な夜な吉田茂の財布の中に分厚い札束を詰め込んでいたそうです。まるでグリム童話に出てくる靴屋の小人のようじゃないですか。麻生和子は「あなた、お父さんにあんまり肩入れしてたら、お家が破産しちゃいますよ」とたしなめていたそうですが、麻生太賀吉は聞く耳を持たなかったそうです。

このように吉田茂の事実上の内孫として育った麻生太郎の幼少期は、戦後政治史そのものなのです。当時の政治部記者に「太郎君はいい子だから特別に俺のカメラを貸してあげよう」とライカのカメラを渡され、吉田茂が私邸でくつろいでいる姿をパチパチと撮ったら、それが新聞の一面を飾りました。吉田茂は「誰がこんな写真を撮ったんだ！」と激怒しましたが、可愛い孫が犯人だと分かり、苦笑いしていたそうです。昭和三十（一九五五）年の保守合同（自由党と日本民主党の合併）の際、吉田茂は「権力は巨大化すると腐敗する」と猛反対していたのですが、そんな吉田茂を説得するため、自由党総裁だった緒方《おがた》竹虎《たけとら》（故人）らが大磯の吉田茂の別邸を訪ねます。この時も少年・麻生太郎はお茶くみをしていました。

英国大使を務め、英国かぶれだった吉田茂の傍《そば》で育ち、英国留学経験もある麻生太郎は英国貴族のような奇妙な習性があります。自らにさまざまなルールを課し、それを守らないと気がすまないのです。

早朝に一時間ウォーキングをする。寝る前に腹筋、腕立て伏せをする。夜九時以降は飯を食わない。国会審議中は絶対に寝ない――等々。ルールはさまざまありますが、よく分からないのが「深夜十二時まで家に帰らない」というルールでした。麻生太郎は政治家や財界人らとの会合の後、ホテルのバーなどでスコッチのソーダ割りを一杯飲みながらゆっくりと葉巻を一本吸い、親しい政治家、記者、官僚らとたわいもない話をしてクールダウンするのを日課としています。こっちも眠くなってきて「明日は予算委員会があって朝早いのでそろそろ帰りましょうか」と水を向けると、時計を見ながら「あと十五分待て！」。時計が十二時を回っていなかったのです。シンデレラの逆バージョンじゃあるまいし、一体何の意味があるのか、今もよく分かりません。

麻生太郎は実に大らか。それでいて正義感が強く、真の意味で教養豊かな人物です。強《し》いていうならば、人を疑うという感覚に乏しいのが欠点ですかね。政界は海千山千《うみせんやません》の人ばかりなので、麻生太郎はしばしば騙されてきましたが、これも良いところなのかも知れません。戦前の日本は全国各地にこういう大らかな大旦那《おおだんな》がいて、うまく街を治めていたのではないでしょうか。戦後のGHQの統治により、このような大旦那衆が消えてしまったことが、戦後日本を世知辛《せちがら》い世の中にしてしまったように思えてなりません。

後に麻生太郎が首相になった際、各メディアは「連日連夜のホテルのバー通い」「カップラーメンの値段さえ知らない」「漢字が読めない」などとバッシングを続けました。おそらく麻生政権を失墜《しっつい》させ、早く民主党政権を樹立したかったのでしょうが、今考えても全くどうでもよいことです。国民のひがみ根性を煽《あお》る報道は卑劣です。効果的かも知れませんが、ろくな結果をもたらしません。次に誕生する民主党政権がそれを証明してくれました。しかも次の首相の座を狙っていたのは、民主党代表の鳩山由紀夫でした。祖父は元首相の鳩山一郎（故人）、父は元外相の鳩山威一郎《いいちろう》（故人）、母方の祖父はブリヂストン創業者の石橋正二郎《しょうじろう》（故人）という麻生太郎と比肩《ひけん》する閨閥に生まれたボンボンでした。しかも麻生太郎と違って、自らを律することができない甘ったれでした。政治部記者はみんなそれに気づいていましたが、民主党が政権を取るまで問題視するメディアは産経新聞を除いてありませんでした。ダブルスタンダードの極みだと思います。

私が出会ったころの麻生太郎は「親小泉」で政権を支えていくか、それとも「反小泉」を掲げて天下を狙うか、悩んでいました。小泉純一郎はそれが分かっていたからこそ、反小泉勢力を分断すべく総務相として麻生太郎に郵政民営化を任せたのでしょう。

ただ、麻生太郎が郵政民営化に賛成する方向へ舵《かじ》を切ったのは小泉純一郎への忠誠心からではありません。郵政公社初代総裁の生田正治《いくたまさはる》に惚れ込んだからでした。商船三井会長だった生田正治は、小泉純一郎に懇願《こんがん》され、郵政公社総裁に就任しました。海運・物流事業のプロである生田正治が目をつけたのは、郵政公社の郵貯・簡保事業ではなく、お荷物扱いされていた郵便事業でした。

「郵政公社のスケールメリットを生かせば、日本の物流業界を再編し、国際物流の世界に打って出ることができる。アジアでナンバーワンを狙える」

こう考えた生田正治は、民営化により、ドイツポスト傘下のＤＨＬや、米国のＦｅｄＥｘに対抗できるような国際物流会社に生まれ変わる構想を示しました。麻生太郎もこれに共鳴し、郵政民営化推進派として動きだしたのです。郵政民営化時に自民党総務会長だった久間章生《きゆうまふみお》らが推進派に転じたのも生田正治の存在があったからです。強烈な抵抗勢力だった郵政公社職員も次第に生田正治の考えに共鳴するようになっていました。

残念なのは、郵政解散で自民党が圧勝した後の平成十七（二〇〇五）年秋の内閣改造で麻生太郎は外相に横滑りし、後任の総務相が小泉純一郎のブレーンだった竹中平蔵になったことです。竹中平蔵は生田正治氏を切り、三井住友銀行元頭取の西川善文《よしふみ》を二代目郵政公社総裁に据《す》えるべく動きました。これにより、郵政民営化は物流を主軸とした路線から、金融を主軸とした路線に転じました。

竹中平蔵が関心を持っていたのは、郵便事業ではなく郵貯・簡保が抱える巨額の金融資産でした。もし、生田正治が総裁のまま郵政を民営化していたら、民営化後の「日本郵政（ＪＰホールディングス）」は全く別の形態になっていたことでしょう。郵政民営化をめぐるその後の政局も違っていたと思います。いずれにせよ、三顧《さんこ》の礼で郵政公社初代総裁に迎え入れられながら、何の瑕疵《かし》もないのに切り捨てられた生田正治は断腸の思いで郵政公社を去ったことだけは間違いありません。

## 怨念《おんねん》の政治家　小泉純一郎

生田正治の更迭《こうてつ》が、小泉純一郎の意向だったかどうかはよく分かりませんが、おそらく違うでしょう。小泉純一郎は郵政省を民営化することだけに主眼を置き、民営化後の姿に興味があったとは思えないからです。

小泉純一郎が郵政民営化に固執《こしつ》したのも分からなくもありません。小泉純一郎は平成四（一九九二）年十二月、宮澤喜一《みやざわきいち》（故人）改造内閣で郵政相として入閣しています。元々大蔵族で、大の経世会《けいせいかい》（現平成研究会、竹下派）嫌いだった小泉純一郎は「経世会が郵貯・簡保の資金を財政投融資という第二国家予算として好き放題に使っているのはおかしい」と郵政省解体論を公然と語っていました。そんな小泉純一郎を郵政相にする宮澤喜一はどうかしていると思いますが、小泉純一郎に当時の郵政官僚がやった仕打ちはあまりにひどいものでした。

小泉純一郎と親しかった古参議員に聞いた話ですが、郵政官僚は、大臣室に一切電話を取り次がなかったそうです。決裁は自民党郵政族の了承を取り、官邸に報告した上で事後決裁の形で小泉純一郎に持ってきました。要するに小泉純一郎に一切仕事を与えなかったわけです。

それでも小泉純一郎は、午前九時から午後六時まで毎日欠かさず郵政省に登庁しました。誰も来ず、電話さえかかってこない大臣室で小泉純一郎は一人何を考えていたのでしょうか。おそらくこうでしょう。

「郵政省だけは許せない。絶対に潰してやる。では、どうやったら潰せるのか？　郵政相では無理だ。そうだ！　総理になるしかない」

これは仮説に過ぎませんが、小泉純一郎が自民党総裁の座を公然と狙いだしたのは郵政相をやった後からです。つまり彼は郵政省を潰すために首相になったのです。その怨念の凄《すさ》まじさは並大抵ではありません。私が小泉純一郎を「怨念の政治家」と呼ぶのはこのためです。

郵政省に限らず、平成初頭までの官僚たちは「日本を支配している」と錯覚し、政治家

小泉純一郎

をなめていました。官僚出身の政治家さえ味方に引きつけておけば、党人派の政治家は「アメ玉さえ与えておけば何とでもなる」と思っていたのでしょう。なめられる政治家も問題ですが、振り返ってみれば、戦後日本はまさに官僚国家でした。吉田茂、岸信介、池田勇人《はやと》（故人）、佐藤栄作（故人）、中曽根康弘と長期政権を築いたのは官僚出身者ばかりです。官僚を使うのが上手いと言われた田中角栄でさえ短命で終わりました。

そんな官僚たちを心底震え上がらせたのが小泉純一郎なのです。そういう意味では偉大な政治家と言えるでしょう。そして小泉政権以後、今日に至るまで霞ヶ関の官僚機構は手痛いしっぺ返しを食らっています。まあ、今の官僚は世代が違うので可哀想ではありますが……。

話がそれたついでに小泉純一郎にまつわる逸話を一つ紹介しましょう。小泉政権で要職を歴任した麻生太郎は、よく閣議後に首相執務室で小泉純一郎と話し込んでいました。ほとんどはどうでもよい駄話だったようですが、ある日、麻生太郎は小泉純一郎にこう切り出しました。

**麻生太郎**「総理、あなたの表の功績は、道路公団民営化や有事法制、国民保護法制などいくつもありますが、裏の功績を三つ挙げるとすれば何だと思いますか？」

**小泉純一郎**「裏の功績か？　ちょっと思いつかないな。一体何だ？」

**麻生太郎**「一つは朝鮮総連に切り込んだことです。これは歴代首相が誰も手をつけられなかった聖域だったんですよ。これで闇社会は震え上がったんですよ」

**小泉純一郎**「ふーん、そうなのか。で、二つ目は？」

**麻生太郎**「部落解放同盟にも切り込んだことだ。これに日本社会はもっと仰天したんですよ」

**小泉純一郎**「そうなのか……。俺はそういう話は疎《うと》くてね。全然気づかなかったな。それで三つ目はなんだ？」

**麻生太郎**「そりゃ、あの経世会を潰したことでしょうよ」

こう言うと、小泉純一郎はニヤリと笑ってこう言いました。

「番記者も全部潰してやったよ……」

小泉純一郎の政治家人生の半分は、政界で利権の大半を握っていた経世会をいかに潰すかに費やしてきたといっても過言ではありません。郵政民営化はその延長線上にあったのです。それだけに麻生太郎の言葉はよほどうれしかったのでしょう。政治家だけでは飽き足らず番記者まで潰す。まさに「怨念の政治家」ならではの言葉ではないでしょうか。五年半にわたる小泉政権は功罪相半ばすると思いますが、小泉政権の登場により、日本の政界が大きく変わったことは間違いありません。

## 麻生太郎と安倍晋三、日本政治を変えた出会い

話を麻生太郎に戻します。麻生太郎が総務相になった頃まで、麻生太郎と安倍晋三にはとんど接点はありませんでした。麻生太郎から見れば、十四歳も年下の安倍晋三など「うまく時流に乗った若造」にすぎなかったのです。

安倍晋三も麻生太郎を敵勢力だと考えていました。麻生太郎が所属していた派閥「大勇《たいゆう》会《かい》」会長は、安倍晋三が心底嫌っている元自民党総裁、河野洋平だったからです。

麻生太郎は元々、元首相の池田勇人が創設した宏池会《こうちかい》の所属でした。池田勇人は、吉田茂が党人派に対抗するために育てあげた「吉田学校」の門下生たちの一人ですので、この選択は必然だったといえます。

ところが、宏池会領袖《りょうしゅう》で元首相の宮澤喜一は、後継を官房長官や自民党幹事長を歴任した加藤紘一《こういち》（故人）に譲ってしまいました。「反加藤」の急先鋒《きゅうせんぽう》だった麻生太郎は居場所がなくなり、加藤紘一の対抗馬だった河野洋平を担《かつ》いで宏池会を飛び出したのです。そもそも「加藤紘一と河野洋平に跡目《あとめ》を競わせる宮澤喜一って一体何者なんだ」と思いますが、

つい二十年前の自民党は、あり得ないほどリベラル勢力に毒されていたのです。逆に言えば、安倍晋三がいかに「浮いた存在」だったかお分かりだと思います。

麻生太郎と親しくなって色々と話をすると、当たり前といえば当たり前ですが、骨の髄《ずい》まで「保守」なのです。外交・安全保障を含め、安倍晋三と考え方はほとんど変わりません。そこである日、私は麻生太郎にこう言いました。

「一度、安倍さんとじっくり話してみてはどうですか。出自《しゅつじ》も考え方も同じ、ついでに敵も同じなんだから話が合わないはずがない。将来、総裁の座を狙うならば、なおさら安倍晋三とのパイプは大事ですよ」

麻生太郎はしばらく考えて「そうだな。一度飯でも食ってみるか」と答えました。二人の会談が実現したのは、この一カ月ほど後でした。

二人で夕食を共にした後、麻生太郎は安倍晋三を、銀座にあった高級クラブに誘いました。麻生太郎はある意味で浮気をしない男で、知らない店に行きたがりません。レストラン、料亭、バーなど、行きつけの店がいくつかあって、それをグルグルと回り続けるのです。その極めつきが銀座のクラブでした。ここに連れていくのは、「真の友人」の証《あかし》と自分で決めていたようです。

二人の会談後、しばらくして麻生太郎は私に笑顔でこう打ち明けてくれました。

「確かに安倍とは考え方が全く一緒だな。米国や中国など外交・安全保障から経済政策までいろんな話をしたが、驚くほどピタリと意見が一致したよ」

安倍晋三も「いや、麻生さんっていいね。宏池会とは思えないよ」と言いました。私が「そうでしょう。大平正芳《おおひらまさよし》（故人）までの宏池会はまともなんです。宮澤喜一が歪《ゆが》めたんですよ」と言うと、安倍晋三は「確かにそうだね」と笑っていました。

ここから二人の親交が始まり、盟友と言われるほど固い絆《きずな》で結ばれるようになりました。もし、二人が敵対していたら、ここ十数年の政局は全く違う形で動き、安倍晋三の再登板もなければ、現在のような長期政権にもなっていなかったと思います。出会いとはつくづく不思議なものです。

## 党改革と幹事長代理

平成十六（二〇〇四）年七月の参院選後、再び政治部の配置換えがあり、私は平河（自民党）クラブの清和政策研究会（清和研、森派）担当になりました。幹事長の安倍晋三も担当政治家の一人です。

ところが、安倍晋三は窮地に陥っていました。参院選前に「自民党が五十議席取れなかったら辞任する」と明言したにもかかわらず、四十九議席しか取れず、民主党が五十議席も取ってしまったからです。平成十五（二〇〇三）年秋の衆院選での勝利の立役者が、わずか半年後に「A級戦犯」になってしまったのです。

安倍晋三は、幹事長就任直後から党改革に取り組んでいました。党改革の柱は公認制度の見直しですが、これによりベテラン議員と軋轢《あつれき》を深めていました。

それまでの自民党は、現職ならば、本人が引退を決意しない限り、次の選挙でほぼ自動的に公認を得ることができました。となると、その選挙区で「衆院議員に挑戦したい」と思っている人は、無所属で出るか、別の政党から出るしかありません。かつての中選挙区制では、若手がどこかの派閥の後押しを受けて無所属で出馬し、うだつの上がらないベテランが落選するという形で順繰りに「血の入れ替え」が行われてきました。ところが、政治改革に伴い、平成八（一九九六）年の衆院選で小選挙区比例代表並立制が導入されたことにより、このような「血の入れ替え」がなくなったのです。

「次の選挙で再選は無理だろう」と衆目《しゅうもく》の一致するダメ議員でも、現職であれば自動的に公認されます。そういう候補は往々にして落選するのですが、問題は「次」を狙っている有為《ゆうい》な人材が他の政党に行ってしまうことです。小選挙区制では無所属で当選するのは至難の業《わざ》だからです。本当は自民党に入りたかったけど公認をもらえないから、仕方なしに旧民主党から出馬したという政治家は結構多いのです。ダメな自民党候補が選挙区で負けて落選してくれれば、次の選挙で別の候補にすげ替えることができますが、比例代表並立制なので惜敗率が高ければ復活当選してしまい、またもや自動的に次の衆院選で公認を得ることになります。

「こんな現職優遇を続けていると、党勢は衰える一方じゃないか。いずれ自民党は下野《げや》するしかなくなる」

安倍晋三はこう考えました。政治改革で小選挙区制比例代表並立制を導入した際のお題目は「政権交代可能な政治制度を作る」ことでしたが、それが現実味を帯びつつありました。これを防ぐには、公認選考過程を透明化し、新人にチャレンジ権を与えるしかない。そう考えた安倍晋三は党改革を始めたのです。公認をめぐり、決着がつかない場合は、米大統領選のような予備選の導入も視野に入れていました。

ところが、これに自民党のベテラン議員は猛反発しました。我が身が危うくなるからです。それどころか、「いずれは息子を後継ぎに」と思っていても、世襲《せしゅう》は容易ではなくなります。激しい抵抗の中で、安倍晋三は何とか中間報告をまとめましたが、自民党内には「反安倍」の空気が醸成《じょうせい》されていました。

そんな中、参院選で「五十議席」という公約を果たせなかったことは大きな痛手でした。幹事長を辞めなければ「大見得《おおみえ》を切っていながら辞めないなんて情けない男だ」と言われるに決まっています。幹事長を辞めても「ビッグマウスが墓穴を掘った」と言われるでしょう。小泉純一郎は当然のように慰留《いりゅう》しました。安倍晋三が参院選で引責辞任すれば、次は自民党総裁である自らの責任を問われるに決まっているからです。ここで慰留を振り切って辞めれば、安倍晋三と小泉純一郎の溝は修復不能に広がります。困り果てていた安倍晋三に、私はこんな進言をしました。

「辞任すると明言したのだから、留任すれば世間の風当たりは強いですよ。かと言って慰留を振り切って辞めると、小泉さんは『安倍は裏切った』と敵視しかねない。小泉総理に『辞めると明言したのだから、ここで辞めなければ私の政治生命が危うくなります。でも、党改革だけは何としてもやり遂げたかった』と説明してみてはどうですか？」

安倍晋三は怪訝《けげん》な表情で「それが何の意味があるの？」と言うのでこう答えました。

「たぶん、小泉首相は党改革にそれほど興味がなかったでしょう。こう説明すれば『安倍君がこだわる党改革って一体何なんだ?』と食いついてきますよ。党執行部に留まることができるだろうし、上手くいけば幹事長代理がくっついてきますよ。幹事長から幹事長代理に降格するんだから世間体《せけんてい》は保てるし、党改革も続けられるじゃないですか」

安倍晋三は首相官邸に行き、小泉純一郎にそういう旨《むね》の説明をしたようです。案の定、小泉純一郎は「党改革って何だ?」と食いついてきました。果たして、参院選後の内閣改造・自民党役員人事で、安倍晋三が拝命したポストは幹事長代理兼党改革実行本部長でした。幹事長は武部勤《たけべつとむ》というサプライズ人事だったので衆目はそっちに向きましたが、安倍晋三を幹事長代理に添えたことこそが、この人事の要諦《ようてい》でした。

ただ、安倍晋三も私もその時は気付かなかったのですが、小泉純一郎が興味を持ったのは党改革そのものではなく、公認をめぐる幹事長権限の強化でした。これは一年後の郵政解散で遺憾《いかん》なく発揮されました。郵政民営化法案の造反議員から容赦なく公認を剥奪《はくだつ》し、刺客《しきゃく》を立てる。こうした卑劣な仕打ちは、どうやら党改革にヒントを得たようです。「怨念の政治家」というのは本当に恐ろしい。

## 人権擁護法案が仕掛けられた背景

安倍晋三が自民党幹事長代理に降格した後の一年間は実に楽しかったですね。安倍晋三は番記者の数も減り、比較的自由に動けましたし、小泉純一郎は平成十七（二〇〇五）年を郵政民営化の天王山と位置づけ、本格的に動きだしました。自民党各派も来《きた》るべき政局に備えて水面下の動きを活発化させました。総務相に留任した麻生太郎もジワジワと勢力を拡大していました。

安倍晋三という政治家は、一見気さくで人当たりがよいのですが、実際には頑固かつ過激な人物です。「これはおかしい」と思うと、どんな目上の政治家でも徹底的に戦いを挑むのです。

子供の頃、お札《さつ》の顔の目と鼻の部分を山折り、谷折りにする遊びをやったことがありますよね。お札の角度を変えると、笑った顔や怒った顔になるでしょう。安倍晋三はまさにこれなのです。祖父の岸信介似でほっぺたが張っているので、普段は柔和《にゅうわ》な顔ですが、何か気になることがあると、グッと顎《あご》を引いて上目遣いになり「それってどういう意味かな？」と詰問調《きつもんちょう》になる。その時は何とも言えない怖い顔つきになるのです。安倍晋三を甘く見ていた政治家や官僚たちは、その表情が一変するのを見ると背筋が凍り付くのです。

しかも安倍晋三の手口は実に巧妙です。周到に準備した上で中堅・若手議員を集結させて気勢を揚げ、「数の論理」で圧力をかけるのです。主義・主張が一致すれば派閥や政党も関係ありません。拉致議連は元々、元衆院議員の西村眞悟《しんご》や現埼玉県知事の上田清司《せいじ》ら野党主導でできた議員連盟でした。そんな議連に肩入れする安倍晋三は、自民党では奇異の目で見られていたのです。

拉致議連もそうですが、安倍晋三は議員連盟を使った政局を最も得意としていました。政策ごとの「勉強会」を名乗っていれば、派閥による締め付けが少ないからです。二回生議員だった平成九（一九九七）年には、自虐的な歴史教育を憂えて、後に財務相などを務めた中川昭一《しょういち》（故人）らとともに「歴史教科書議連」（日本の前途と歴史教育を考える議員の会）を結成し、当時の自民党を牛耳《ぎゅうじ》っていた元幹事長の野中広務《のなかひろむ》（故人）や元総裁の河野洋平らに対抗しました。加藤紘一が、小泉純一郎の靖國神社参拝をネタに倒閣を企てて「靖國問題研究会」を設立するや否や、中堅・若手議員を多数集めて「平和靖國議連」（平和を願い真の国益を考え靖國神社参拝を支持する若手議員の会）を結成し、加藤紘一の動きを封じ

ました。

最近、小泉純一郎の息子である小泉進次郎がさまざまな場面で安倍政権を牽制《けんせい》する発言を続けていますが、私は安倍晋三にこう言ったことがあります。

「小泉進次郎なんてかわいいもんじゃないですか。発信力があっても単なる言いっぱなしだ。安倍さんが若い頃は単に文句を言うだけじゃなく、議連を作って徒党を組み、本気で政権に対抗してたでしょ。当時の自民党執行部は腸《はらわた》が煮えくりかえっていたでしょうね。進次郎なんて、かつての安倍晋三に比べればかわいいもんですよ」

安倍晋三もさすがに苦笑いしていました。

幹事長代理時代の安倍晋三が過激な政治家として本領を発揮したのは、平成十七（二〇〇五）年一月の人権擁護法案潰しでした。人権擁護法案は平成十四（二〇〇二）年三月に一度閣議決定され、国会に提出されましたが、まともな審議もされぬまま、平成十五年十月の衆院解散により廃案となりました。政府・与党はこれに一部修正を加えて再び提出しようとしたのです。

名称こそ「人権を擁護する法案」ですが、これがとんでもない代物《しろもの》でした。独立性の高い国家機関である人権委員会を設立し、人権侵害を取り締まるという内容ですが、人権侵害の定義さえはっきりしないのに、人権委員会は令状なしで家宅捜索や取り調べができる強大な権限を有するのです。また、「密告部隊」として民間人に人権擁護委員を委嘱《いしょく》することができるのですが、これには国籍条項さえありませんでした。つまり中国や北朝鮮の工作員が委嘱される可能性も十分あるのです。法務省提出法案ですが、元々は部落解放同盟が制定を強く求めてきた経緯があり、これを人権派弁護士や左翼系NGOなどが後押ししていました。

部落解放同盟の「糾弾権」は、差別と戦う民間団体の行動ですから、とやかく言うつもりはありません。しかし、国家機関がこれを発動するなら話は別です。言論統制は一気に強まり、憲法二十一条（言論、出版の自由）さえも脅《おびや》かされます。

言論による人権侵害は主観的な要素がどうしても含まれます。人権侵害で告発された人が、たとえ他人を傷つける気がなかったとしても「殴られた者にしか殴られた痛みは分からない」という部落解放同盟の論理を突きつけられれば、一切の抗弁権を奪われてしまいます。だから言葉狩りは恐ろしいのです。

民主主義国家は、自由な言論活動を通じて人権を守っていくものです。国家権力が言論活動に介入し、「この発言は人権侵害だ」「ここまでならばOKだ」などとガイドラインを引くこと自体が論外です。韓国で盧武鉉《ノムヒョン》（故人）政権や文在寅《ムンジェイン》政権などの超左翼政権が相次いで発足した背景には、金大中《キムデジュン》（故人）政権が日本に先駆けて人権委員会を創設し、北朝鮮に批判的な言動や親日的な言動を抑えつけたためだとされています。

私が人権擁護法案の危険性に気づいたのは全国の弁護士会が人権委員会を作って「予行演習」をしていたからでした。弁護士会の人権委員会は何の強制権限もないのですが、「君が代の伴奏を拒否した教師を処分したのは人権侵害だ」「養護学校で使った性教育人形を没収したのは人権侵害だ」「朝鮮学校への補助金打ち切りは人権侵害だ」などとトンデモ勧告を乱発していたのです。

「これは左翼勢力による保守派の言論封殺だ」。そう思った私は安倍晋三に相談しました。「国会に再提出予定の人権擁護法案は危険極まりない。保守派の言動を抑え込むための左翼によるゲシュタポ法です。いの一番に狙われるのが安倍さんですよ。拉致被害者救出活動だってやり玉に挙げられかねない。何とか法案を潰したいので力を貸してくれませんか。ただ、背景がややこしいので安倍さんは前面に出ない方がいい」

こう説明すると安倍晋三は「そんなにおかしな法案なのか？」と首をかしげながらも「古屋圭司《ふるやけいじ》さんたちとよく相談してみてよ」と言って、何人かの政治家に声をかけてくれ

このたびは飛鳥新社の本をご購入いただきありがとうございます。今後の出版物の参考にさせていただきますので、以下の質問にお答えください。ご協力よろしくお願いいたします。

■この本を最初に何でお知りになりましたか

1.新聞広告（　　　　　　　新聞）
2.webサイトやSNSを見て（サイト名　　　　　　　　　　　　　　　　　　）
3.新聞・雑誌の紹介記事を読んで（紙・誌名　　　　　　　　　　　　　　　）
4.TV・ラジオで　5.書店で実物を見て　6.知人にすすめられて
7.その他（　　　　　　　　　　　　　　　　　　　　　　　　　　　　　　）

■この本をお買い求めになった動機は何ですか

1.テーマに興味があったので　2.タイトルに惹かれて
3.装丁・帯に惹かれて　4.著者に惹かれて
5.広告・書評に惹かれて　6.その他（　　　　　　　　　　　　　　　　　　）

■本書へのご意見・ご感想をお聞かせください

■いまあなたが興味を持たれているテーマや人物をお教えください

※あなたのご意見・ご感想を新聞・雑誌広告や小社ホームページ上で
1.掲載してもよい　2.掲載しては困る　3.匿名ならよい

郵便はがき

| |
|---|
| 62円切手を<br>お貼り<br>ください |

1010003

東京都千代田区一ツ橋2-4-3
光文恒産ビル2F

(株)飛鳥新社　出版部

『安倍「一強」の秘密』
読者カード係行

| | |
|---|---|
| フリガナ<br>ご氏名 | 性別　男・女<br>年齢　　　歳 |
| フリガナ<br>ご住所〒<br>TEL　　　(　　　) | |
| ご職業　1.会社員　2.公務員　3.学生　4.自営業　5.教員　6.自由業<br>7.主婦　8.その他(　　　) | |
| お買い上げのショップ名　　　所在地 | |

★ご記入いただいた個人情報は、弊社出版物の資料目的以外で使用することはありません。

ました。

　そこで集まったのが、元国家公安委員長の古屋圭司、現幹事長代行の萩生田光一《はぎうだこういち》、現首相補佐官の衛藤晟一《えとうせいいち》、現環境副大臣の城内実《きうちみのる》、元財務副大臣の古川禎久《よしひさ》らでした。今でこそベテラン・中堅となっていますが、当時は閣僚経験もない若手ばかりでした。それでも法案の危険性をすぐに理解し、自民党法務部会に大挙して乗り込んで反対の論陣を張り、一気に法案をつるし上げてしまいました。

　さほど話題にもなっていない法案だったので、政府と自民党執行部は、同じ日のうちに法務部会、政調審議会、総務会ですると了承し、一気に閣議決定する運びでした。それだけに若手議員による法務部会の奇襲攻撃に自民党内は騒然となりました。

古屋圭司

中でも激怒したのが、法案を主導してきた元幹事長の古賀誠《こがまこと》でした。独自の情報網で「首謀者は安倍晋三だ」と割り出した古賀誠は、現幹事長の二階俊博《にかいとしひろ》を引き連れて安倍の部屋に押しかけました。

「この法案は引退した野中広務さんから託されたものなんだ。みなさんの懸念は杞憂《きゆう》にすぎない。懸念はすべて払拭《ふっしょく》させるので何とか成立に協力してくれないか」

古賀誠はこう言って頭を下げましたが、安倍晋三はにべもなくこう言いました。

「金目の話ならば、妥協の余地もあるでしょうが、思想・信条に関わる法案ですよ。反対する議員たちを力で抑え込むことはできません」

会談は一時間近く続きましたが、ずっと平行線でした。古賀誠は憤然《ふんぜん》として部屋を出ていきました。この後、様子をうかがいに部屋に入ると、安倍晋三はまたもやあの怖い顔でソファに座っていました。

「石橋君が言っている意味がよく分かったよ。これはとんでもない法案だ。こんな法案は何が何でも潰さないといけないね」

安倍晋三には、秘密の「過激スイッチ」があるのです。それが明らかにオンになっていました。安倍晋三はこう宣言すると、思想・信条が近い元経済産業相の平沼赳夫《たけお》や中川昭一らを巻き込んで一気に法案を葬り去りました。

私も産経新聞で人権擁護法案を批判する記事を書き続けました。ありがたかったのは、当時論説副委員長だった中静敬一郎《なかしずけいいちろう》（後の論説委員長、現岡山放送社長）が「確かにこの法案は問題が多すぎる」と言って社説（産経は「主張」）で何度も反対の論陣を張ってくれたことです。ジャーナリストの櫻井よしこ、評論家の西尾幹二《にしおかんじ》、現麗澤《れいたく》大学教授の八木秀次《ひでつぐ》らも相次いで参戦してくれました。「救う会」（北朝鮮に拉致された日本人を救出するための全国協議会）も「法案は拉致問題の解決の妨げになる」として反対声明を出し、日比谷公会堂で反対集会が開かれるなど、批判キャンペーンは大きなうねりとなりました。保守系言論機関たる産経新聞の面目躍如《めんもくやくじょ》だったと思います。

そんな中、朝日新聞は一貫して法案の早期成立を求める論陣を張っていました。ところが、毎日新聞は極めて慎重な姿勢を貫きました。おそらく部落解放同盟と敵対する共産党が「法案は部落解放同盟の糾弾闘争を合法化するものだ」と反対したからでしょう。他の新聞は無関心でしたが、産経新聞が反対キャンペーンを始めると、読売新聞、日経新聞は慎重な審議を求める社説を掲載してくれました。

人権擁護法案をめぐっては、総務相だった麻生太郎もひと肌脱いでくれました。首相の小泉純一郎にこうささやいてくれたのです。

「人権擁護法案だが、ありゃあろくなもんじゃねえ。気をつけた方がいいですよ。あんな法律ができたら安倍や私は一発でアウトだ。総理だって危ない。しかも法案の後ろにいるのは野中広務ですよ」

小泉純一郎は人権擁護法案に何の関心もなかったようですが、自らの内閣で一度閣議決定した事案だけに、意固地《いこじ》になって法案提出をゴリ押しする可能性は十分ありました。そうなると安倍晋三ら反対派の機運は一気に萎《しぼ》んでしまいます。しかし、麻生太郎の話を聞いた小泉純一郎は法案の危険性云々《うんぬん》という部分ではなく「後ろにいるのは野中広務だ」という部分に激しく反応し、目の色が変わったそうです。その後、小泉純一郎は人権擁護法案については黙殺を貫いてくれました。

この件で許せないのは、法務省の対応です。担当セクションは人権擁護局総務課で、課長は検事だったのですが、法律のプロのくせにこちらの懸念をぶつけても「杞憂にすぎません」の一点張りでまともに答えようとしない。どうやら法務省は、人権擁護法案が成立すれば、外局が一つ増えることになり、オンライン化により余った法務局の人員を人権擁護会事務局に割り振ることができると考えていたようです。そんなくだらない省益のために、こんな危険な法律を通して将来に禍根を残すと思わないのでしょうか。私の法務省・検察庁不信はここから始まります。

ちなみに、後に大阪地検特捜部長として学校法人森友学園の不正土地取引事件の捜査を指揮した山本真千子《まちこ》（現函館地検検事正）の前任は人権擁護局総務課長でした。そんな人物が、一部メディアが書き立てたように安倍晋三に忖度して捜査の手を緩めるはずがありません。むしろ森友事件を機に安倍晋三を退陣に追い込もうと狙っていたとみるのが自然だと思います。事件の最中に「特捜部長が朝日新聞に情報をリークしていた」と噂されましたが、これもあながち嘘とは思えません。

人権擁護法案については、平成二十一年（二〇〇九）年に民主党政権が誕生すると「人権侵害救済法案」と名を変えてゾンビのように復活しました。民主党にも松原仁《まつばらじん》や渡辺周《わたなべしゅう》ら法案に反対する勢力がいたのですが、平成二十四（二〇一二）年九月に「人権委員会設置法案」として機構の設置を先行させる法案を閣議決定しました。当時の首相は野田佳彦でした。この件があるので、野田佳彦がいかに「保守」を気取ろうとも、私は一切評価しません。

結局、平成二十四（二〇一二）年十一月に野田佳彦は衆院を解散したために廃案となり、その後、安倍晋三が首相に返り咲いたことにより人権擁護法案は封印されました。しかし、法務省はまだ諦めていません。平成二十八(二〇一六)年に成立したヘイトスピーチ解消法は、議員立法の形をとっていますが、裏にいたのは法務省でした。この法律は罰則規定こそありませんが、人権擁護法案の亜種《あしゅ》だと思っています。何がヘイトで何がヘイトでないか。公権力がそれを決めると、いかに恐ろしいことが起きるか、想像してみてください。今は安倍政権が続いているので法務省も大人しくしていますが、安倍首相が退いた後、人権擁護法案を必ず復活させてくると踏んでいます。

平成十七(二〇〇五)年の安倍晋三らの人権擁護法案潰しは成功裏に終わりましたが、思わぬ副産物がありました。

この年の通常国会のハイライトは郵政民営化法案でした。平沼赳夫や古屋圭司、衛藤晟一らは郵政民営化にさほど興味がなかったはずですが、人権擁護法案をめぐる攻防を通じて「このまま小泉純一郎の独裁が続けば、郵政民営化どころか、人権擁護法案や皇室典範改正まで好き放題やり、日本は滅茶苦茶になる」と言いだしました。そういえば、人権擁護法案潰しの途中から元自民党政調会長の亀井静香の子分たちが妙に増えてきたなと思っていたのですが、郵政政局をにらんで古屋圭司ら人権擁護法案反対派を「オルグ」するために送り込まれたのかも知れません。こうした経緯から、はからずも人権擁護法案と郵政民営化という全く無関係な事案が次第に一つになり、「反小泉」を旗印に倒閣に向かって動きだしたのです。

この動きについて安倍晋三は鈍感でした。自民党幹事長代理として東京都議選を担当させられたため、応援演説で東京都内を走り回り、永田町にほとんどいなかったこともあります。私は「なんだか雲行きが怪しい。人権擁護法案に反対したメンバーが夜な夜な亀井静香の会合に行ってますよ」と言ったのですが、「大丈夫だって。古屋圭司さんや衛藤晟一さんが古賀誠たちとつるんで倒閣に走るわけないだろう。そもそも人権擁護法案と郵政民営化に何の関係があるんだよ」と耳を貸しませんでした。

安倍晋三が「大変なことになっている」と気づいた時には「時すでに遅し」でした。安倍晋三は古屋圭司らを必死に説得しました。

「私たちは国の将来を見据《みす》えてもっと大きなことをやるために政治家になったんじゃないか。郵政省を民営化しようがどうしようが、そんなことはどうでもいいだろ。むしろ今は小泉総理に恩を売っておいた方がいい」

この説得は失敗でした。政局は最後は損得では動きません。ましてや「郵政なんてどうでもいい」というのは、思い詰めている人にとって説得力ゼロです。もはや彼らは聞く耳を持たず、大半が郵政民営化法案の衆院採決で造反しました。そして自民党を追い出されたあげく刺客を立てられてしまいました。

後ほど詳しく書きますが、小泉純一郎は、郵政民営化をめぐる攻防で参院が郵政民営化法案を否決するやいなや、衆院を解散しました。安倍晋三の胸中は複雑でした。元々、郵政民営化を政局にしようとしていた古賀誠らはスルリと上手く生き残り、安倍晋三の仲間の多くは討ち死にしてしまいした。自民党に残ったのは、腹心の萩生田光一、盟友の中川昭一くらいだったのです。

平成十八（二〇〇六）年九月、安倍晋三は第一次安倍内閣を発足させると、郵政民営化で造反した議員を復党させました。これで小泉純一郎との関係は悪化し、内閣支持率も急落したのですが、安倍晋三は温情で彼らを復党させたわけではありません。衛藤晟一や古屋圭司ら保守派の仲間を復党させなければ、元自民党副総裁の山崎拓、加藤紘一、古賀誠、青木幹雄ら反安倍勢力に対抗できないと考えたからだったのです。

## ＮＨＫ番組改変問題と朝日新聞との闘い

平成十七（二〇〇五）年一月十二日、幹事長代理だった安倍晋三は青天の霹靂《へきれき》のような批判にさらされました。朝日新聞がこの日の朝刊で、ＮＨＫの番組をめぐり、当時経済産業相だった中川昭一とともに安倍がＮＨＫ上層部を呼びつけ、番組を改変するよう圧力をかけたと報じたのです。

番組とは、ＮＨＫが平成十三（二〇〇一）年一月に放送したＥＴＶ特集シリーズ「戦争をどう裁くか」というドキュメンタリーでした。この中で大きく取り上げられた「女性国際戦犯法廷」は平成十二（二〇〇〇）年十二月、朝日新聞の元編集委員の松井やより（故人）が設立した「ＶＡＷＷ‐ＮＥＴジャパン」（『戦争と女性への暴力』日本ネットワーク）主催の法廷劇でした。民間団体の劇ですから法的な効力は全くありません。この「女性国際戦犯法廷」で裁判官役を務めた各国の女性活動家たちは、「慰安婦」問題など旧日本軍の性犯罪について「奴隷制度、人身売買、強制労働、強姦等の人道に対する罪に関連する各条約、慣習法に違反している」と断じ、「天皇裕仁《ひろひと》及び日本国を、強姦及び性奴隷制度について、人道に対する罪で有罪」としました。

これは国際的左翼ネットワークによるプロパガンダ劇にすぎません。しかも昭和天皇を戦犯として断罪した政治劇を公共放送が取り上げること自体が噴飯《ふんぱん》ものです。案の定、放送前から右翼団体などが放送中止を求めて東京・代々木のNHK放送センター（本部）へ抗議に押しかけました。NHKもさすがに「まずい」と思ったのでしょう。番組の一部を差し替えた上で放送しました。VAWW－NETはそれが気に食わなかったようで「当初の企画通り番組を放映しなかった」としてNHKを訴えました（裁判は最高裁でNHKが勝訴）。

では、朝日新聞は、なぜ四年も前の話を大々的に取り上げたのでしょうか。それは番組を主導したNHK番組放送局のチーフプロデューサー（後に退社）が平成十七（二〇〇五）年一月、NHKのコンプライアンス推進委員会に「安倍晋三、中川昭一が番組内容を知り、圧力をかけ、番組を改変させた」と告発したからでした。裁判などの経緯を追うと、朝日新聞とVAWW－NET、そしてNHKの左翼勢力がいかに結託《けったく》して動いていたかが、よく分かります。

朝日新聞の報道を受け、野党や一部メディアはNHK「圧力」問題と名付け、安倍バッシングに乗り出しました。朝日新聞の記事掲載直後、安倍晋三は「VAWW－NETって何なんだろうね。面白い投稿写真を載せた雑誌『VOW』は大好きだったんだけど、あれとは関係ないよね」などと軽口を叩いていましたが、次第に笑っていられなくなりました。

朝日新聞が報道した直後、私は「この問題は結構根が深いかも知れませんよ。甘く見ない方がいい」と安倍晋三に進言しました。すると安倍晋三はこう説明しました。

「夜中に突然、朝日新聞の記者二人が自宅に押しかけてきたんだよ。家に入れるわけにいかないから玄関のインターホン越しだったんだけど詰問調で色々と言ってくるんだよな。でも今思い返してもNHK幹部を呼びつけたなんて記憶はない。あの時期に『予算のご説明』と言ってNHK幹部が俺の部屋に来て、番組の話をしたのは確かなんだけどね……」

安倍晋三も左翼勢力の奇妙な連携に「これは罠《わな》かも知れない」と思ったようです。その後、民放各社の報道番組に次々と出演し、NHK幹部が自室を訪れて自分から番組について切り出したことを明かし、「私はNHK幹部を呼びつけてもいないし、圧力をかけてもいません」と説明しました。ついでに女性国際戦犯法廷に検事役として出演した北朝鮮代表者四人のうち二人は、日本政府が工作員と認定した人物だったことも暴露しました。

中川昭一に至っては全く無関係でした。国会議員会館の面会票を調べたところ、NHK

幹部が訪れたのは番組放送後だったことが分かったのです。これでは圧力をかけようがありません。朝日新聞の記事は根底が崩れてきました。

真相はこうでした。番組を放映することがどこからか漏《も》れ伝わって、右翼団体などが放映中止を求める抗議行動を起こしたため、ＮＨＫは慌てました。国会でのＮＨＫ予算の審議を間近に控えていたからです。これで国会が紛糾《ふんきゅう》したら大変なことになります。そこで対策に乗り出したのです。

では番組を問題視しそうな政治家は誰か。野党ではありません。歴史教科書議連で「軍による慰安婦の強制連行は虚偽だった」と追及してきた安倍晋三や中川昭一らでした。そこでＮＨＫ幹部は「予算のご説明」を理由に自ら面会を申し出て、二人が国会で問題視しないかどうか、動向を探ったのです。つまらぬ真似をせぬようにクギを刺す意味合いもあったようです。つまり、安倍晋三らが圧力をかけたのではなく、ＮＨＫが安倍晋三らに「圧力」をかけた事件だったのです。中川昭一とは放送後に面会したことからも裏付けられます。公共放送が政治家に圧力をかける。この方がよっぽど問題ですよね。

そもそもよく考えてください。平成十七（二〇〇五）年の時点ならば、安倍晋三は自民党幹事長を経て幹事長代理となった大物議員であり、「ポスト小泉」の最有力候補でもあります。中川昭一も重要閣僚で保守勢力に大きな影響力を持っていました。この立場でNHK幹部を呼びつけて、番組内容を問い質《ただ》しただけで「圧力をかけた」と言われても仕方ありません。

ところが、番組が放映された平成十三（二〇〇一）年一月は森喜朗内閣で、安倍晋三は官房副長官に抜擢されたばかりの三回生議員にすぎません。当時の自民党幹事長は古賀誠で、野中広務や河野洋平らリベラル勢力が党内で隠然とした力を持っていました。中川昭一に至っては、彼らに刃向かって干されている「傘張り浪人」にすぎなかったのです。

政界の隅々まで影響力を有するNHKが、こんな若造二人を恐れるはずがありません。告発したチーフプロデューサーの証言はNHK幹部からの「又聞き」にすぎませんでした。おそらく、NHK幹部が、組織内の左翼勢力から番組改変について突き上げを食らい、「安倍晋三や中川昭一ら自民党の跳ねっ返り連中がうるさいので改変せざるを得なかった」と言い訳したのでしょう。

私は安倍晋三に「これはNHKが政治家に圧力をかけた事件じゃないですか。政治家が圧力をかけるよりもよほど大問題ですよ。疑念を払拭するには、すべてを明らかにした方がいい」と言いましたが、安倍晋三は首を横に振り、こう言いました。

「確かにそうだと思う。だけど、朝日とNHKの両方を敵に回す二正面作戦はいくら何でもしんどいよ。とりあえずNHKは不問にして、朝日新聞の嘘を徹底的に暴こう」

その方がNHKの協力を取り付けることもできるので、作戦としては正解です。NHKは朝日新聞が記事を掲載した二日後、朝日新聞社に厳重抗議し、謝罪と釈明、訂正記事の掲載を求めました。昭和天皇を有罪とする偏向番組を全国に放映していながら厚顔無恥《こうがんむち》も甚《はなは》だしいと思いますが、NHKに裏切られた朝日新聞は窮地に陥りました。

朝日新聞は記事を「検証」すべく取材陣を編成しました。実は私のところにも、顔見知りの朝日新聞記者が「真相を教えてほしい」と取材にきました。私が「これはNHKが政治家に圧力をかけた事件ですよ。そっちの方がよほど問題じゃないか」と経緯を説明すると妙に納得した様子でしたが、それが記事化されることはありませんでした。

記事掲載から半年後の平成十七(二〇〇五)年七月二十五日、朝日新聞は朝刊に紙面を何枚も割《さ》いた馬鹿でかい検証記事を掲載しました。しかし、読んでみると、その内容はだらだらと再取材の結果を綴《つづ》っただけでほとんど中身はありません。むしろ信じられないのは、「真相に十分迫りきれていないことを率直に認め教訓としたい」と裏付け取材をきちんとせずに思い込みで書いたことを認めておきながら「政治家の圧力による番組の改変という構図がより明確になった」と結論づけたことです。論理破綻《はたん》しているとしか言いようがありません。

これに対してＮＨＫ放送総局長の原田豊彦（当時）は記者会見でこう断じています。「朝日新聞は、再取材によっても真相を明らかにすることができなかったことを自ら認めている。政治家からどのような圧力があり、それによって番組がどう改変されたのかという記事の根幹部分を補強する新たな事実の提示もなく、到底理解できない。検証記事にもかかわらず当初の思い込みから抜け出ておらず、極めて遺憾です。ＮＨＫが政治家の圧力で番組を改変することは、これまでもこれからもありません」

「お前がそんなに偉そうに言える立場なのか」と思いましたが、これで朝日新聞とＮＨＫの戦いは事実上決着となりました。それでも朝日新聞社長の秋山耿太郎《こうたろう》（当時）は同年九月三十日の記者会見で「取材不足を認めますが、訂正・謝罪はしない」と開き直っています。

非を認めながら開き直る。これが朝日新聞の常套《じょうとう》手段のようです。平成二十六（二〇一四）年八月五日、朝日新聞は朝刊で慰安婦問題について検証記事を掲載しましたがこれも同じパターンでした。旧日本軍による「慰安婦狩り」などを告発した吉田清治《せいじ》（故人）の証言を「虚偽」だと認め、慰安婦と挺身隊《ていしんたい》の混同や、裏付け取材不足を認めながらも「問題の本質は、軍の関与がなければ成立しなかった慰安所で女性が自由を奪われ、尊厳を傷つけられたことになる」などと開き直っています。呆《あき》れてモノが言えません。

私は大阪社会部出身ですので、事件取材の現場で多くの朝日新聞の記者と仲良くなりました。事件に思想性はあまりないので、けんかになることはほとんどありません。朝日新聞には「真相は何か」と熱心に取材する記者がたくさんおり、「やっぱり朝日新聞の取材力はすごいな」と感心することも少なくありませんでした。

ところが、政治部は違いました。朝日新聞の政治報道は「結論ありき」で都合のよい情報をつなぎ合わせて強引に結論を導く手法があまりにも多い。狙いは常に「保守勢力の封じ込め」にありました。これには正直驚きました。メディアの自殺行為としか言いようがありません。

思い返してみれば、平成前半は朝日新聞政治部の黄金時代だったかも知れません。宮澤喜一や河野洋平らリベラルが自民党中枢《ちゅうすう》を占めたため、政府・与党も親中・親北朝鮮で突き進みました。

平成四（一九九二）年一月、首相の宮澤喜一の訪韓直前に、朝日新聞が一面で「慰安婦強制連行、軍が関与」と報じると、官房長官の加藤紘一が事実確認もせずに謝罪し、宮澤喜一は訪韓中にひたすら謝り続けました。平成五（一九九三）年八月には、官房長官の河野洋平が慰安婦問題への旧日本軍の関与を証拠もないのに認め、「お詫びと反省」を表明しました。このような政府・与党の体《てい》たらくに異を唱える政治家もいましたが、朝日新聞は黙殺するか、「言葉狩り」でつるし上げました。まさに「我が世の春」だったのではないでしょうか。

当時から拉致問題はくすぶっていましたが、多くのメディアは黙殺しました。進歩的な学者・文化人は「拉致はなかった」とうそぶきました。そんな中、拉致議連や歴史教科書議連で活動する安倍晋三や中川昭一は朝日新聞にとって「獅子身中《しししんちゅう》の虫」だったのでしょう。

ところが、平成十四（二〇〇二）年の小泉純一郎の訪朝で、北朝鮮トップの金正日が拉致を認め、謝罪したのを機に潮目は変わりました。拉致問題がクローズアップされ、朝日新聞の慰安婦報道など自虐史観に基づく報道の嘘が次々に暴かれるようになりました。政治家も朝日新聞の論調をかつてほど気にしなくなり、その影響力は著《いちじる》しく低下しました。朝日新聞にとって平成は栄光と凋落《ちょうらく》の三十年間だったと言えるかも知れません。

そういう意味でも小泉純一郎が首相になった歴史的意義は大きいと思います。そして世間の風当たりが強まったことに朝日新聞は焦り、その元凶は安倍晋三だと考えたのでしょう。そういう意味でＮＨＫ番組改変問題は、朝日新聞の安倍晋三に対する宣戦布告でした。安倍晋三もこれを機に朝日新聞と抗戦モードに入り、その戦いは今も続いています。

# 第二章

# 最大派閥・清和研の内幕

## 清和研はDNAの二重螺旋《らせん》

平河クラブの清和研《せいわけん》番記者にとって、領袖《りょうしゅう》である元首相、森喜朗《よしろう》は最も重要な取材対象でした。自民党最大派閥であり、総裁を輩出《はいしゅつ》している派閥のトップだけに、つねに十数人の番記者に囲まれる存在でした。非常に細かい性格で新聞各紙を隅々まで赤鉛筆で線を引きながら読み、「君、今日のこの記事は一体何だ？」と小言ばかりを言っていました。「気難しい人だな」というのが第一印象です。私としては安倍晋三とその仲間たちの取材の方が重要だったので、森喜朗の番業務は適当に手を抜いてやっていました。

森喜朗が何に一番怒るかというと、政治家の言葉の一部を抜き出して勝手に解釈を加えて記事にすることです。紙面の制約があるとはいえ、確かに森喜朗の言い分は筋が通っている。そう考えた私は「とにかく言い分をフルで載せますよ」と言って森喜朗に大型インタビューを申し込みました。

森喜朗の話をじっくりと聞くと、これが実に面白いのです。笑いあり、涙あり。「座談の名手」と言われてきただけのことはあります。ただ、麻生太郎も同じなのですが、こういうタイプは失言が多いのです。面白い発言と問題発言は紙一重だからです。しかもサービス精神が旺盛《おうせい》なので、聴衆を喜ばせようとついついリップサービスしてしまう。最初から最後まで聞けば、さほど問題とは思えない発言も、一部分だけを切り取ると実にけしからん発言になってしまうのです。

森喜朗

森喜朗は立て板に水のように一方的に話すので、こちらの質問を入れる余地がとても少ない。そこでQ&A方式（質問と回答を交互に入れるインタビュー記事）をやめて口調まで再現した「問わず語り」の大型インタビューを掲載しました。この記事を森喜朗は気に入り、定期的にインタビューに応じてくれるようになりました。これが産経新聞の名物記事として今も続く「単刀直言」です。

森喜朗の本音に触れることができるようになると、実に魅力的な政治家だと分かりました。気配りが細やかで、常に先の先をみながら、手を打っていくのです。森喜朗の愛弟子《まなでし》である萩生田光一《はぎうだこういち》が面白いことを言っていました。

「森さんはさ、居酒屋のトイレなんかによく張っている『親父の小言』なんだよ。『冷や酒と親父の小言は後で効く』って言うじゃないか。森さんの教えはその時は『あ〜、また始まった。鬱陶《うっとう》しいな』と思っても、後になって『ああ、そういう意味だったのか。ありがたいな』と思うんだよな」

「親父の小言」は江戸後期にできた十数箇条の格言集です。「火は粗末にするな」「人には腹を立てるな」「人に馬鹿にされていよ」「恩は遠くから返せ」「自らに過信するな」等々。毎週木曜日昼の清和研の総会は、森喜朗の「親父の小言」を拝聴《はいちょう》することから始まるのでした。

森喜朗は老練かつ老獪《ろうかい》な政治家です。長く非主流派に甘んじ、「与党内野党」とまで言われた清和研（清和会）を二十年にわたり、ほぼ絶え間なく総裁を輩出し続ける最大かつ最強の派閥に育てあげたのは森喜朗なのです。福田赳夫《たけお》が首相の時に官房副長官を務めた直系の弟子だけに、田中角栄とその流れを汲《く》む経世会《けいせいかい》（現在の平成研究会、竹下派）に対して、小泉純一郎と同じような「怨念《おんねん》」を持っているのですが、それを表に出さずに実に上手に付き合う。「参院のドン」と言われた青木幹雄《みきお》とは盟友関係を築きあげました。

自民党の三十年の歴史を振り返ると、政権中枢《ちゆうすう》にいるか、そうでなくても首相に直接モノを言える立場を維持し続けたのは森喜朗だけです。総裁、幹事長、政調会長、総務会長――と自民党グランドスラムを達成したのも森喜朗だけです。今は政界を引退して東京五輪・パラリンピック組織委員会会長ですが、安倍晋三にいつでもモノを言える政治家OBもやはり森喜朗だけです。

萩生田光一

にもかかわらず、世間のイメージは随分違います。これは各メディアが森喜朗を「サメの脳みそ」などと悪《あ》しざまに書き続けたことが大きいと思います。各社政治部を長く牛耳《ぎゆうじ》ってきたのは、経世会と宏池会《こうちかい》を担当した記者たちでした。特に中選挙区時代の政治部記者は縄張り意識が強く、当時主流派だった経世会や宏池会の番記者は清和研を「上から目線」で見る傾向がありました。そう考えると、小泉純一郎が麻生太郎に「経世会の番記者も潰してやったよ」と言った意味が分かるのではないでしょうか。

そんな清和研が、なぜこれほど強力な派閥に生まれ変わったのでしょうか。清和研担当になってしばらくすると、この派閥の特殊性に気づきました。「DNAの二重螺旋《らせん》」のような派閥なのです。

清和研の前身である清和会は、福田赳夫が昭和三十七（一九六二）年に創設した「党風刷新連盟」が起源とされていますが、その源流は、岸信介が率いた「十日会」です。清和会は、旧赤坂プリンスホテルに派閥事務所を置いていましたが、これは岸信介を尊敬していた西武グループ創業者で元衆院議長の堤康次郎《つつみやすじろう》（故人）が場所を提供したからです。

清和会の創始者を岸信介とするか、福田赳夫とするかは、「卵が先か、鶏が先か」のような話ですが、岸信介の娘婿である安倍晋太郎が福田赳夫の後任の領袖となったことで、清和会は福田系と岸・安倍系の二つの系統ができてしまいました。森喜朗、小泉純一郎らは福田赳夫直系です。これに対し、安倍晋太郎系と言われるのは、農林水産相などを務めた加藤六月《むつき》（故人）らでした。平成三（一九九一）年に安倍晋太郎が死去すると跡目争いが起き、森喜朗らの支持を得た三塚博《みつづかひろし》が領袖になり、加藤六月との間で「三六戦争」が勃発《ぼっぱつ》しました。加藤六月らは結局、派閥を追い出されてしまいました。

なぜ、こんなことを書いたかと言えば、安倍晋三が平成五（一九九三）年に衆院に初当選した時、安倍晋三は正統な清和会の正統な継承者ながら、派内では孤立無援《むえん》に近い立場だったからです。親身になってくれたのは、後に第一次安倍内閣で財務相を務めた尾《お》身幸次《みこうじ》や、派内で力を付けつつあった元自民党政調会長の亀井静香くらいだったといいます。

安倍晋太郎はおそらく加藤六月を後継者にしたかったのではないでしょうか。安倍晋太郎の命日である五月十五日には「安倍晋太郎を偲《しの》ぶ会」がほぼ毎年開かれていますが、安倍晋三と実弟の岸信夫を除くと、政治家はほとんど来ません。かつての安倍晋太郎の番記者たちが主催する形をとっていますが、真の主催者は加藤六月と、安倍晋三の母、安倍洋子でした。「いずれは安倍系を清和会の本流に戻したい」というのが、加藤六月の終生の願いだったのです。

## 福田系と安倍系の葛藤《かっとう》

では、福田系と安倍系の二重螺旋というのはどういうものなのか。分かりやすい例があります。小渕恵三《おぶちけいぞう》（故人）、元官房長官の梶山静六《せいろく》（故人）、小泉純一郎の三人が「凡人、軍人、変人」の戦いを繰り広げた平成十（一九九八）年の自民党総裁選です。

清和会の若手議員はある料亭に集められ、そこに小泉純一郎が出馬のあいさつに登場しました。すると二回生にすぎない安倍晋三がいきなり異を唱えたのです。

「今回の総裁選で、あの憎《にっく》き経世会（当時は平成研）が分裂してくれたんですよ。我が派が推せば梶山さんが勝てる。野中広務《ひろむ》たちに一泡吹かせてやれるじゃないですか。小泉さんは今回は出馬すべきではない」

小泉純一郎は「言われてみればそうだな」と帰ってしまったそうですが、しばらくして森喜朗が烈火のごとく怒って現れました。森喜朗は安倍晋三が異を唱えたことを知っていましたが、安倍晋三の隣に座っていた一回生議員の下村博文《はくぶん》（後の文部科学相）を罵倒《ばとう》しました。

「下村！　せっかく清和会が結束して小泉さんを推そうというのに、お前はなんてことを言うんだ！」

下村博文は、森喜朗にとって早稲田大学雄弁会の後輩なので文句を言いやすかったのでしょうが、とんだ災難でした。このようなすったもんだの末に小泉純一郎の出馬が決まり、総裁選に突入しました。すると安倍晋三は、梶山静六と小泉純一郎の「一位、二位連合」に向けて動き始めました。梶山陣営にいたのは、梶山静六を師と仰ぐ現官房長官の菅義偉《すがよしひで》や、麻生太郎らでした。安倍晋三が梶山陣営と頻繁に接触していると、今度は森喜朗の番頭格だった中川秀直《ひでなお》に呼ばれました。

「安倍君、もういいんだ。動かなくていいんだ。俺たちに任せてくれ」

安倍晋三は仕方なしにその指示に従いましたが、総裁選で小渕恵三が勝利した後、その理由が分かりました。森喜朗が自民党幹事長に就任したからです。つまり森喜朗が小泉純一郎を擁立したのは、梶山静六に反経世会連合を構築させないためだったのです。

さらに続きがあります。しばらくして安倍晋三は森喜朗に呼ばれました。森喜朗は安倍晋三の前に一枚の紙を置き、こう言いました。

「この派閥に残るか、亀井のところに行くか。今ここで決めなさい」

紙には墨書きで「清和政策研究会」と書かれていました。平成六（一九九四）年に下野《げや》した際、自民党は派閥解消を掲げ、この時期の清和会は「二十一世紀を考える会・新政策研究会」という訳の分からない名称になっていました。「清和」という二文字を見た安倍晋三はその場で残留を決めました。祖父の岸信介が創設し、父の安倍晋太郎が領袖を務めた清和会を足蹴《あしげ》にできないと考えたからです。

この直後、亀井静香は派閥を飛び出し、政策科学研究所（旧中曽根派）の元総務庁長官の江藤隆美《たかみ》（故人）らとともに「志帥会《しすいかい》」を結成しました。平沼赳夫《たけお》、中川昭一《しょういち》、古屋圭司《ふるやけいじ》、衛藤晟一《えとうせいいち》ら安倍晋三と親しい政治家の多くが亀井静香についていきました。森喜朗が、小泉純一郎を総裁選に擁立した真の狙いは、亀井一派のあぶり出しだったのです。森喜朗がいかに抜け目のない狡猾《こうかつ》な政治家か、お分かりだと思います。

清和会の二重螺旋は、森喜朗の手腕により、ますます福田系の色が強まりました。森喜朗は派閥の重大な方針を決定する際、小泉純一郎や福田康夫《やすお》らを集めて幹部会を開くのですが、安倍晋三は幹事長になるまで呼ばれたことはありませんでした。福田赳夫を師と仰ぐ森喜朗にとって、清和研をしっかり育てあげ、いずれは息子の福田康夫に「大政奉還《たいせいほうかん》」し、福田康夫を首相の座につけることこそが大目標だったのです。森喜朗の座右の銘が

「滅私奉公《めっしほうこう》」であることもうなずけるかと思います。

それでも安倍晋三を排除することはありませんでした。安倍晋三を官房副長官に抜擢《ばってき》したのも森喜朗です。安倍晋三を排除して、二重螺旋がばらけてしまうと清和会の強さが半減することが分かっていたからでしょう。

「公家《くげ》集団」と言われ、けんかが苦手な宏池会でさえ、加藤紘一《こういち》の「加藤の乱」をきっかけに谷垣禎一《たにがきさだかず》（元自民党総裁）が率いる谷垣派と、古賀誠が率いる古賀派に割れ、お互いに宏池会を名乗ってドロドロの本家争いを続けました。麻生太郎も宏池会本流を自任しており、この三派は「宏池会」の看板をめぐり、今もにらみ合っています。

ドロドロの派内抗争を幾度も乗り越えてきた清和研は、安倍晋三を含めてけんか上手の多い派閥です。もし安倍晋三が派閥を飛び出せば、正統性のある「清和会」が二つでき、激しくいがみ合うことになる。それだけは何としても避けたい。森喜朗はそう考えていたのでしょう。この付かず離れずの二重螺旋こそ清和研の力の源泉なのです。

森喜朗は、安倍晋三のけんか早い政治手法を決して評価していませんでしたが、それを公然と咎《とが》めるようなことはしませんでした。ところが、そんな森喜朗が、安倍晋三に対し、本音むき出しで怒り狂う姿を一度見たことがあります。

加藤勝信

平成二十一（二〇〇九）年夏の衆院選で自民党が大敗し、下野した時期ですが、中川昭一の急逝《きゅうせい》を受け、中川昭一が作った勉強会「真・保守政策研究会」（後の創生「日本」）を安倍晋三が引き継いだ時のことです。この創生「日本」が、平成二十四（二〇一二）年秋の自民党総裁選で安倍晋三が総裁に返り咲く原動力になるのですが、森喜朗が怒ったのは、安倍晋三が創生「日本」の事務局長に加藤勝信《かつのぶ》を起用したことでした。

「ほら見てみろ。やっぱり安倍は清和研を割ってきたじゃないか！」

加藤勝信は加藤六月の娘婿です。森喜朗の目には創生「日本」が第二清和会に映ったのでしょう。森喜朗は平成二十四（二〇一二）年の総裁選では、安倍晋三ではなく元国土交通相の石原伸晃《のぶてる》を推し、清和研からは元官房長官の町村信孝《まちむらのぶたか》（故人）を擁立しました。清和研のメンバーが安倍晋三支持に流れるのを防ぐためです。

そこまでやっていながら、安倍晋三が総裁に返り咲くと、森喜朗はすぐに手打ちにしました。安倍晋三も快く応じました。二人とも、森・福田系と安倍系の二重螺旋を上手く維持していくことが清和研の強みだということをよく分かっているのです。

## 森喜朗とプーチン、知られざる逸話

森喜朗は、この三十年間の政局を常に差配《さはい》してきました。細川護熙《もりひろ》の連立政権で下野した際、社会党委員長の村山富市《とみいち》を首班指名し、自社さ連立という「反則技」での政権奪回劇を主導したのは、当時自民党幹事長だった森喜朗でした。小渕恵三が首相の時、自由党党首の小沢一郎と自自連立を組みましたが、小沢一郎による「自民党乗っ取り」を防ぐべく、公明党を連立入りさせて自自公連立の枠組みを作った際も中心的な役割を果たしました。小泉政権以降はさらに存在感を増し、善し悪しはともかく、森喜朗がどう動くかで政局の流れは大きく変わりました。

しかし、森喜朗の政治的な偉業は、露大統領のウラジーミル・プーチンとの日露外交にあると思っています。

かつてない強力な政権を築いた安倍晋三は、「戦後外交の総決算」を掲げて北方領土問題の解決と日露平和条約締結に向け、プーチンとトップ外交を続けていますが、その礎《いしずえ》を築いたのは森喜朗でした。

森喜朗がプーチンに初めて出会ったのは、首相就任まもない平成十二（二〇〇〇）年四月二十九日でした。お膳立てしたのは、ロシアに太いパイプを持つ鈴木宗男（新党大地代表、元衆院議員）でした。

「もうロシアはかつての共産主義のソ連じゃないでしょ。自由と民主主義の国じゃないか。領土問題を解決し、平和条約を結べば日露関係はダイナミックに変わる」

こういう森喜朗の率直な物言いがプーチンの琴線《きんせん》に触れたようです。プーチンは大統領就任式を翌月に控え、多忙を極めていましたが、森喜朗との非公式会談に十時間以上を費やしました。

森喜朗は父、森茂喜《しげき》の思い出話も披露しました。

根上《ねあがり》町長（現石川県能美《のみ》市）だった森茂喜は大のロシアびいきで知られる人物で「悪い

のは共産主義であり、ロシア人は善良なんだ」が口癖でした。森喜朗への遺言《ゆいごん》も「日ソ草の根交流を引き継げ」でした。

この年の九月、約束通り初来日を果たしたプーチンは森喜朗にこう言いました。

「ヨシ、領土問題さえ解決すれば日露はもっと組める関係になる。ただ、私はまだ大統領になったばかりなので、もう少し時間が必要なのだ」

森喜朗は平成十三（二〇〇一）年三月に再び訪露し、プーチンとイルクーツク声明に署名しました。日ソ共同宣言を「平和条約交渉プロセスの出発点」と位置づけ、「歯舞《はぼまい》群島と色丹島《しこたんとう》」と「国後《くなしり》、択捉《えとろふ》両島」の交渉を分離する並行協議を行うことで合意したのです。

実はこの時、森喜朗はプーチンに重大な告白をしています。

「ウラジーミル、まだ内緒だが、俺は近く首相を辞める。だが、次の首相に誰がなっても日露外交は何とか前に進めたいんだ」

プーチンは驚いて「ヨシ、何を言っているんだ。辞めたらダメだ」と慰留したそうですが、「気持ちはうれしいが、日本の政治はそう思い通りにはならんのだ。辞め時は私が一番よく分かっている」と答え、翌四月に退陣してしまいました。

森に次を託されたのは、同じ清和研出身の小泉純一郎でしたが、就任早々、とんでもない失敗をしでかしました。森喜朗の反対を押し切って田中眞紀子を外相に起用したのです。勉強不足のくせに何から何まで思いつきで動き、えらそうでわがまま。外務省は田中眞紀子に振り回され続けました。日露についても唐突に四島返還論を持ち出し、日露交渉は振り出しに戻ってしまいました。それでも森喜朗はその後何度もロシアに足を運び、プーチンと親交を重ねました。膠着《こうちゃく》状態だった日露交渉が再び動きだしたのは、十年以上の歳月を経た平成二十四（二〇一二）年十二月に安倍晋三が首相に返り咲いてからでした。

翌二十五（二〇一三）年二月、森喜朗は安倍晋三の特使として訪露し、プーチンと十六回目の会談を行いました。プーチンは前年三月に一部外国メディアの会見に応じ、「引き分け」という日本語を持ち出して「領土問題を最終的に解決したいと強く願っている」と語っていました。森喜朗が「引き分け」の真意を問うと、プーチンはおもむろに紙とペンを取り出し、大きく四角形を書きました。

「ヨシ、これは道場だ。端っこで組むからすぐに場外に出て『待て』となる。真ん中で組んで初めて『よし、始め！』となる。これが引き分け論だ。『ヨシ、始め』だ（笑い）」

森喜朗は一枚の写真を取り出しました。平成三（一九九一）年四月にミハイル・ゴルバチョフがソ連大統領として初来日した時の写真でした。元外相の安倍晋太郎は晩年、北方領土返還に政治生命をかけていましたが、がんを患《わずら》い、この時はもはや手の尽くしようがなく、医師を説得して病院を抜け出してきたのです。写真はガリガリに痩《や》せた安倍晋太郎が笑顔でゴルバチョフを出迎えるシーンでしたが、その後ろでふらつく安倍晋太郎を必死に支えていたのが、若き日の安倍晋三でした。

「ウラジーミル、これを見てくれ。これが若き日のシンゾーだ。シンゾーの日露関係をよくしたいという思いは本物だぞ」

森がこう説明するとプーチンは食い入るように写真を見つめた後、「この写真をもらっていいか？」とほほ笑んだそうです。森喜朗がうなずくとプーチンは大切そうにスーツのポケットにしまいました。

この二カ月後、安倍晋三は日本の首相として十年ぶりにロシアを公式訪問しました。領土交渉は一気に進展するかと思いきや、またもやブレーキがかかりました。

平成二十六（二〇一四）年のウクライナ騒乱とクリミア危機です。三月十八日にプーチンがクリミア併合を表明すると、欧米諸国は一斉に反発し、日本も対露制裁に同調せざるをえなくなりました。

同年八月下旬、露チェリャビンスクで開かれた世界柔道選手権で、ロシア選手を激励にきたプーチンは、柔道家の山下泰裕《やすひろ》氏に吐き捨てるようにこう言いました。

「シンゾーには裏切られた。全く信用できない男だな！」

山下泰裕氏から電話をもらった森喜朗はすぐにモスクワに飛びました。九月十日、プーチンに会った森喜朗はこう切り出しました。

「ウラジーミル、君の怒りは誤解だ。安倍晋三が科した経済制裁は実害のないものばかりじゃないか。嘘だと思うならよく調べてごらんなさい」

それでも「日本は結局、米国のいいなりじゃないか」とプーチンの不満は収まりませんでした。森喜朗はこう言い返しました。

「日本の周りは核を持った国ばかりですよ。彼らが核を使用した時にあなたは助けてくれるかい？　助ける義務はないよね。日露には平和条約さえないんだから。でも米国は同盟国だから助けてくれる。言葉はよくないが、そういう関係なんだから米国に追随《ついずい》せざるをえないところもある。そこをよく考えてくださいよ」

ここで森喜朗は再び安倍晋三の若き日の写真の話を持ち出し、「シンゾーはあの頃と何も変わっていない。俺を信用するならシンゾーも信用してくれ」と頭を下げました。プーチンは黙ったままだったそうです。

これが奏功《そうこう》したのか、日露関係は再び動きだしました。

平成二十八（二〇一六）年五月、プーチンはロシアの保養地ソチで安倍晋三を笑顔で迎えいれました。夕食を含め三時間に上る会談で、安倍は「新しいアプローチ」の交渉を提案し、プーチンも同意しました。この年の十二月には、安倍晋三は安倍家のルーツである山口県長門《ながと》市にプーチンを招き、手厚くもてなしました。夕食は海の幸や山の幸のオンパレードでしたが、プーチンは河豚《ふぐ》だけは「この魚には毒がある」と言って一切手をつけなかったそうです。やはり元KGB工作員は毒には敏感なんでしょう。

翌二十九（二〇一七）年七月、森喜朗は露エカテリンブルクを訪ね、プーチンと旧交を温めました。プーチンは森喜朗の誕生日（七月十四日）を祝って大きなケーキまで用意し、帰りは大統領専用車で森喜朗をホテルまで送ってくれました。

平成三十（二〇一八）年十一月十四日、広大なトロピカルガーデンに囲まれたシンガポールの「シャングリ・ラ・ホテル」で、安倍晋三とプーチンは通訳のみを介して一対一で向き合いました。安倍晋三は、父の安倍晋太郎が死の間際まで日露関係修復に情熱を傾けたことを打ち明けた上でこう言いました。

「ウラジーミル、もう歴史的なピンポンは辞めよう。私たちで領土問題に終止符を打つべきではないか」
「ピンポン」とは、「四島の帰属を」（日本）と「領土問題は存在しない」（ロシア）の無意味な応酬はやめようという意味でした。この言葉にプーチンは深くうなずきました。二人は会談の最後で外務事務次官の秋葉《あきば》剛男《たけお》、露外相のセルゲイ・ラブロフらを部屋に呼び込み、平和条約締結に向け、準備を進めるよう指示しました。これが終わると、プーチンは満足そうに微笑み、安倍晋三とハグしました。

日露外交は一気に進むかに見えましたが、再びブレーキがかかりました。ロシアには「領土は祖先の血によって得たものであり、血を流してでも守らねばならない」という考えが根強くあります。おそらく露政府内の強硬派が巻き返したのでしょう。平成三十一（二〇一九）年一月、安倍晋三は訪露し、プーチンと通算二十五回目の会談を行いましたが、プーチンの態度は別人のように頑《かたく》なだったといいます。

領土交渉がまとまるには両国に強力な政権がなければなりません。沖縄返還も佐藤栄作内閣が安定した長期政権だったからこそ成しえたのです。日露の場合は米国がどう動くかも重要な要素となります。そういう意味で、日本の首相が安倍晋三で、露大統領がプーチン、そして米大統領が反露感情の薄いドナルド・トランプという布陣は千載一遇《せんざいいちぐう》のチャンスだと言えます。しかも、がんという病魔と闘っているとはいえ森喜朗も健在です。ですから日露交渉は何かの拍子に一気に進む可能性がなお残っています。だからこそ目を離せないのです。

## 郵政民営化　攻防の舞台裏

話を少し戻します。安倍晋三が自民党幹事長代理だった平成十七（二〇〇五）年一月二十一日、首相の小泉純一郎は施政方針演説で郵政民営化法案の国会提出を宣言しました。平成十三（二〇〇一）年四月の首相就任以来、旧郵政省の公社化、道路公団の民営化――と着々と駒を進めてきた小泉純一郎がついに「本丸攻め」を始めたのです。

前にも書きましたが、小泉純一郎にとって郵政民営化は政策ではなかったのです。「聖域なき構造改革」「官から民へ」「改革なくして成長なし」などとさまざまなスローガンを掲げていましたが、最大の狙いは、旧郵政省への「怨念」を晴らすことでした。そしてもう一つの狙いは、元首相、田中角栄の流れを汲む経世会（現平成研究会）に対する積年の恨みを晴らすことでした。郵政民営化と道路公団民営化により、財政投融資という経世会の「力の源泉」を絶った上で自民党から叩きだそうと考えていたのでしょう。ですから公然と「抵抗勢力」呼ばわりするなど挑発を続けたのです。「自民党をぶっ潰す」という台詞《せりふ》は「経世会をぶっ潰す」を言い換えたのだと思います。

小泉純一郎は、首相就任後しばらくは民主党の一部と連携し、経世会を叩きだす方策を練《ね》っていました。首相秘書官たちにも民主党の悪口は一切言わなかったそうです。しかし、靖國神社参拝や、米軍の「テロとの戦い」への支援などに対する民主党の批判と抵抗にすっかり嫌気がさし、途中から連携構想を捨ててしまいました。民主党がもう少し賢かったら、現在の政権の形態は違っていたかも知れません。

繰り返しますが、小泉純一郎にとって郵政民営化とは怨念を晴らすことでした。民営化後の形態について関心が薄かったのもそのせいです。民営化という名で郵政省さえ潰せば「後は野となれ、山となれ」と思っていたのでしょう。

ところが、自民党議員の多くは郵政民営化を「政策」だと勘違いしていました。従って民営化するならば少しでもよい形にしようと、真剣に議論していました。自民党の郵政事業改革特命委員会委員長を務めた元国家公安委員長の村井仁《じん》（後の長野県知事）はまさにそうで、連日のように真剣に民営化後のあるべき姿を議論していました。ところが、何とかよい形にまとまりそうになると小泉純一郎は「卓袱台返し《ちゃぶだい》」をするのです。最初から衆院で民営化法案を否決させ、衆院を解散する魂胆《こんたん》だったとしか思えません。

森喜朗や安倍晋三ら清和研所属議員の多くは、小泉純一郎にとって郵政民営化は「怨念」であり、衆院解散を狙っていることに気づいていました。ですから清和研所属議員はほとんど造反しなかったのです。森喜朗は、小泉純一郎が衆院を解散して保守分裂選挙になれば、自民党は大敗すると踏んでいました。だからこそ、各派領袖らと連日のように会い、郵政民営化法案を成立させようと動いたのです。森喜朗も本音では郵政民営化に反対でした。

そんな中、全然違う見方をしていた衆院議員が一人いました。現愛知県知事の大村秀章《おおむらひであき》です。当時はまだ三回生でしたが、郵政解散の半年以上前に大村秀章は私にこんなことを言ってきたのです。

「なあ、小泉は郵政民営化法案を否決されたら衆院解散に打って出るよな。解散打ったら自民党は大勝ちするぞ。だって争点は郵政だけだろ。小泉は反対した連中を抵抗勢力呼ばわりしてコテンパンにするに決まってるだろ。国民はそれにクギ付けになって野党なんて振り向きもしない。自民党は圧勝じゃないか。こりゃ面白くなってきたな。ばかを焚《た》きつけて造反させようかな……」

大村秀章は、農水官僚出身で平成研に所属していましたが、抜群に嗅覚《きゆうかく》がよかったですね。郵政解散後の政界を言い当てたのは後にも先にも彼だけでした。後に大阪府知事だった橋下徹が大阪維新の会を発足させると、大村秀章はこう言いだしました。

「東京、関西、中京の三大都市圏は保守系の地域政党が制覇するんじゃないか。三大都市圏は全国一律の経済政策なんていらないと思っているからな。そうなると三大都市圏で自民党がつけいる隙《すき》はなくなる。もしかしたら三大都市圏の地域政党による三党連立政権というのが将来の政治の枠組みになるかも知れんぞ。自民党は単なる田舎の政党になっちゃうかもな」

そして、この構想を進めるべく大村秀章は衆院議員を辞め、愛知県知事になりました。そしてその言葉通り、東京都知事だった石原慎太郎や橋下徹らと連携に動き始めました。今のところは頓挫《とんざ》していますが、ひょっとしたら近い将来、再び動きだすかも知れません。

話がそれてしまいました。平成十七(二〇〇五)年六月十七日、自民、公明両党は郵政民営化法案の採決に向けて、通常国会の会期を八月十三日まで五十五日間も延長しました。これ以降、郵政民営化をめぐる自民党内の攻防は一層激しさを増しました。

反対派の牙城《がじよう》である郵政事業懇話会の会長に祭り上げられたのは、元衆院議長の綿貫民《わたぬきたみ》輔《すけ》でした。平成研の大幹部でしたが、神職の資格もあり、大らかかつ豪胆な人柄で、大蔵族の後輩にあたる小泉純一郎を昔から弟のように可愛がっていました。運送会社「トナミ運輸」のオーナーということもあり、物流事業としての郵政改革にも理解がありました。綿貫民輔が懇話会会長に就任した際、森喜朗は「ああ、よかった。これで郵政民営化も丸く収まるよ」と胸をなで下ろしていました。小泉純一郎もやりにくい相手だと思ったことでしょう。元々、主敵とみていた元自民党幹事長の野中広務は、平成十五（二〇〇三）年九月の自民党総裁選で元運輸相の藤井孝男《たかお》を擁立して敗れ、翌十月の衆院選を機に政界を引退していました。「経世会をぶっ潰す」という目標はすでに半分達成しており、経世会内で純粋に民営化に反対している勢力はそれほど強くなかったのです。それでも小泉純一郎は衆院解散をチラつかせながら郵政民営化をゴリ押ししました。

綿貫民輔は当初、「小泉は竹中平蔵に騙されているんだ。悪いのは竹中だ。あの男は二枚舌どころか百枚舌だ」と言って小泉純一郎をかばっていましたが、次第に引くに引けなくなってきました。その後ろでは、元自民党政調会長の亀井静香が自分をコケにした小泉憎しの一念で反対派をかき集め、政局を仕掛けつつあったからです。

七月四日、衆院郵政民営化特別委員会は反対派を賛成派に差し替えて郵政民営化法案を可決しました。綿貫民輔は衆院本会議の採決前に反対派議員を集め、こう言いました。

「俺は郵政事業懇話会のトップなんだから反対票を投じて小泉純一郎に猛省を促《うなが》す。だが、君らが賛成票を投じても咎《とが》めたりしない。俺についてくる必要はないんだぞ」

実に綿貫民輔らしい男気のある発言ですが、反対派議員は意気に感じてしまい、「反小泉」で気勢を揚げました。この発言により綿貫民輔の思惑と逆に造反議員の被害は拡大してしまったように思います。七月五日、衆院本会議で行われた採決では、自民党から反対三十七票、棄権十四票の造反が出ましたが、賛成二百三十三票、反対二百二十八票という僅差《きんさ》で可決されました。採決直後、本会議場最後段の閣僚席で、総務相の麻生太郎が小泉純一郎に「解散できなくて残念でしたね」と言いながら握手を求めると、小泉純一郎は無言でギューッと握り返してきました。

主戦場は参院に移りました。亀井静香らは「小泉政権の息の根を止める」と息巻いて多数派工作を加速させました。亀井静香は、森喜朗とともに平成六（一九九四）年に自社さ連立政権を樹立させた立役者です。多数派工作はお手のものでした。

八月五日、参議院郵政民営化特別委員会で、自民、公明両党の賛成多数で郵政民営化法案が可決されます。ここで民営化反対派に配慮して郵便局ネットワークの維持などを求める十五項目の附帯決議を採択しました。反対派への最後の配慮でしたが、もはや反対派の勢いは止められず、参院本会議での否決は避けられない情勢となりました。

森喜朗は、衆院解散を止めさせるべく、安倍晋三と福田康夫を小泉純一郎の元に送り込み、説得させましたが、小泉純一郎は聞く耳を持ちませんでした。八月六日夜、森喜朗は自ら首相公邸に乗り込み、説得に乗り出しました。有名な「干からびたチーズ（実はミモレットという高級チーズ）」会談です。

**森喜朗**「参院で否決されて衆院を解散するなんておかしな話でしょ。衆院はちゃんと可決したんだから。自民党が分裂選挙になったら死屍累々《ししるいるい》だ。下野するかも知れないぞ。それでもいいのか？」

**小泉純一郎**「郵政民営化は、これは俺の信念だ。俺は別に殺されたっていい。暗殺されたと思えばいいんだ！」

握りつぶした缶ビールとミモレットを手に公邸から出てきた森喜朗は待ち構えていた記者団にこうぼやきました。

「寿司でもとってくれると思ったが、これしか出なかった。干からびたチーズと世界各国のビールだ。もう俺もさじを投げたよ」

もし参院が郵政民営化法案を否決したら、小泉純一郎の衆院解散は誰にも止められない。森喜朗はそれを自民党議員に知らしめようとしたのです。

八月八日、参議院本会議で行われた採決では、自民党から反対二十二票、棄権八票が出て、賛成百八票、反対百二十五票で法案は否決されました。

小泉純一郎は即座に解散を決断しました。この直前まで亀井静香は「解散など五〇〇%ない」と断じていましたが、何を根拠にこう言っていたのか今もよく分かりません。解散を決める閣議では、農林水産相の島村宜伸《よしのぶ》、総務相の麻生太郎、行革担当相の村上誠一郎らから反対意見が出たため、小泉純一郎は閣議を中断し、別室で個別に説得しました。麻生太郎、村上誠一郎は説得に応じましたが、島村宜伸だけは解散詔書《しようしよ》への署名を拒否しました。島村宜伸は辞表を提出しましたが、小泉純一郎は受理せずに罷免《ひめん》してしまいました。罷免は天皇の名で閣僚をクビにすることであり、非常に重い処分です。ですから戦前は例がなく、戦後の閣僚罷免は島村宜伸が四例目でした。この後、小泉純一郎は、自ら農林水産相を兼務して閣議を再び開き、解散詔書を閣議決定しました。

島村宜伸は恨み言一つ言いませんでしたが、そもそも島村宜伸は、亀井静香率いる志帥会所属ながら、郵政民営化の衆院採決では賛成票を投じています。解散に反対しただけです。そんな誠実な人物を罷免するのは、あまりに非情ではないでしょうか。「俺に逆らえばこうなるぞ」という見せしめだったのかも知れませんが、この頃の小泉純一郎は自らの非情さに酔っていたように思えます。

ただ、島村宜伸がこれほど頑《かたく》なだった裏には、島村宜伸が師と仰ぐ元首相、中曽根康弘の存在があったのではないかとも思います。息子で後に外相を務めた中曽根弘文《ひろふみ》も土壇場の八月五日に郵政民営化法案への反対を表明し、これで参院での法案否決が決定的になりました。中曽根康弘も後に「参院で法案を否決され、衆院を解散するのは憲政の常道に反する。小泉政権最大の失政だ」と批判しています。森喜朗は後にこんなことを明かしています。

「参院採決の前に大勲位《だいくんい》（中曽根康弘の俗称。皇族以外で大勲位菊花大綬章を叙《じょ》された唯一の存命者であるため）に会って中曽根弘文さんを説得してくれるようお願いしたんだが、大勲位は『倅《せがれ》はわしの言うことを一つも聞かん』と言うんだな。でも弘文さんをよく知っている古参議員に聞くと『何言ってるんですか。弘文さんは大勲位の言いなりですよ』と言うんだ。さて、どっちが本当の弘文さんなんだろうね」

中曽根康弘は、小泉純一郎が首相就任直後、自らの保守路線・改革路線の継承者とみなし、高く評価していました。平成十三（二〇〇一）年六月五日に産経新聞が掲載した座談会ではこんなことも言っています。

「私が小泉君を推した一番大きな理由は幕末的感覚です。自民党が幕末期の症状で、このままではダメだ、これを一新する力が出てこないと日本はダメになるというものです。それをやるのが小泉君だろう。じゃあ、彼が何をやるか具体的なことはまだ明確ではないが、憲法改正とか、靖國神社参拝に言及している。歴史的な復古を明確に持ちながら新しい地平線を探し求めておる」

中曽根康弘は同じ頃、官房副長官だった安倍晋三を密かに呼び、「小泉君に伝えてくれ」と改革の秘伝を伝授しています。

「国民は血に飢えておる。自らに逆らう官僚の首を取り、高らかに掲げよ。国民は狂喜乱舞《きょうきらんぶ》するであろう」

国鉄総裁を自ら更迭《こうてつ》したことにより、国鉄民営化を断行できた経験を伝えたかったのでしょう。これを安倍晋三から伝え聞いた小泉純一郎は「そうか、ありがとう」と言いましたが、伝授された手法を、なんと中曽根康弘本人に向けて使ったのです。

平成十五（二〇〇三）年秋、小泉純一郎は衆院選を目前に控え、衆院比例代表の「七十三歳定年制」の厳格運用を打ち出しました。ターゲットは比例代表関東ブロック「終身一位」の座にあった中曽根康弘と、中国ブロック一位の宮澤喜一でした。宮澤喜一はあっさりと引退を受け入れましたが、中曽根康弘は激しく抵抗しました。小泉純一郎に「これは幹事長の仕事だ」と言われた安倍晋三は渋々、東京・平河町の砂防《さぼう》会館の中曽根事務所を訪れ、公認しない方針を伝えると、中曽根康弘は憤然《ふんぜん》とこう言いました。

「私はその判断によって五十年間の議会人人生に終止符を打つことになる。小泉君がそう判断した理由を合理的に説明し、私を納得させてほしい」

安倍晋三は「何とかご理解いただきたい」とひたすら頭を下げ続けると、中曽根康弘はやや表情を緩め、こう言いました。

「君も貧乏クジを引いたな。安倍君、君は幹事長だろ。幹事長の仕事は選挙に勝つことだ。私も応援するよ」

それでも中曽根康弘は「小泉君が直接私に会って納得させるべきだ」と言って聞かず、結局、公示直前の十月二十三日、小泉純一郎自身が中曽根事務所を訪れ、引退を宣告しました。このような経緯を追うと、中曽根康弘が「政治的テロだ」と言った理由がお分かりだと思います。まさか小泉純一郎に自分の生首を掲げられるとは思っていなかったからです。郵政民営化をめぐっても中曽根康弘が陰で「反小泉」で動いた可能性は十分あります。

## 郵政解散と「刺客」たち

平成十七（二〇〇五）年八月八日夜、衆院を解散した小泉純一郎は首相官邸室で記者会見を行いました。普段、演壇の後ろに紺色か水色のカーテンがかかっているのですが、この日は深紅のカーテンでした。

「本日衆議院を解散しました。私が改革の本丸と位置づけていた郵政民営化法案を参議院は否決しました。国会は郵政民営化は必要ないという判断を下したわけです。私は本当に郵政民営化が必要ないのか国民の皆さんに問いたい。今回の解散は郵政解散であります」

静かな口調でこう始めた演説は次第に熱を帯びました。「ガリレオ・ガリレイはこう言いました。それでも地球は動く」と郵政民営化と何の関係もない地動説まで持ち出した上で、小泉純一郎は十分間を超える演説をこう締めくくりました。

「自由民主党は郵政民営化に賛成する候補者しか公認しません。はっきりと改革勢力になった自由民主党と、民営化に反対の民主党と戦って、国民はどういう審判を下すか聞いてみたいと思います」

この時点で自民党の圧勝は決まったようなものでした。小泉純一郎は、景気づけに一杯ひっかけて記者会見に臨んだようですが、その言葉の魔力は大したものです。多くの国民は「小泉マジック」に魅了されました。全国各地で再び小泉フィーバーが吹き荒れ、自民党は圧勝しました。

衆院選後の自民党本部では、小泉純一郎の「偉大なるイエスマン」を自認する幹事長の武部勤が、除名処分をチラつかせながら造反議員を追放し、次々に「刺客」を擁立していきました。

幹事長代理だった安倍晋三の胸中は複雑でした。先に書いたように平沼赳夫、古屋圭司、衛藤晟一ら思想・信条の合う同志の多くが自民党を追われたからです。旧経世会（平成研）で追放されたのも、綿貫民輔や村井仁ら生真面目《きまじめ》な政治家が多く、野中広務の意向に従い、郵政を政局化しようとした古賀誠らは衆院採決を棄権していたため、難を免れました。蓋《ふた》を開けてみれば、郵政民営化をめぐる政局は、小泉純一郎が元々想定した「清和会 vs.経世会」の争いではなく、平成十（一九九八）年の「森喜朗 vs.亀井静香」という清和会の覇権争いの延長戦となっていたのです。

しかも刺客として公認されたのは、右を向いているのか、左を向いているのか、さっぱり分からないような妙ちきりんな連中ばかりでした。安倍晋三はこうぼやきました。

「小泉さんはどうして敵だと思うとバッサリと袈裟《けさ》斬りにしちゃうんだろうね。ニコニコしながら側に置いて、真綿《まわた》でジワジワと首を絞め続けた方が効果があるんだけどね……」

この発言に安倍晋三の裏の顔を垣間見《かいまみ》ることができます。小泉純一郎は直情径行《ちょくじょうけいこう》の「信長」型ですが、安倍晋三は権謀術数《けんぼうじゅつすう》に長《た》けた「家康」型の政治家です。しかも物腰が柔らかいので、相手になかなか裏の顔を悟られないのです。

それでも幹事長から幹事長代理に降格していたことで、安倍晋三は命拾いしたと思います。もし幹事長を続投していたら、武部勤の役回りをやらねばならなかったからです。いくら「泣いて馬謖《ばしょく》を斬った」としても、その後、安倍晋三には「小泉純一郎のイエスマン」という評価がつきまとい、現在のような保守路線を進めるのは難しくなっていたでしょう。

それでも刺客となった公認候補の質の低さは目を覆《おお》うばかりでした。焦った安倍晋三は、参院議員の山谷えり子に、弁護士の稲田朋美を自分の元に連れてくるよう頼みました。平和靖國議連の初会合で講師に呼んだのが、南京事件の「百人斬り」訴訟を手がけていた稲田朋美だったのです。当時、稲田朋美は政治家になるなど思ってもいなかったようですが、安倍晋三の強い要請を受け、衆院福井一区から出馬し、当選しました。これも不思議な縁だと思います。

「郵政選挙」と言われる衆院選は八月三十日に公示され、九月十一日に投開票が行われ、自民党は二百九十六議席を獲得する大勝利を収めました。安倍晋三は衆院選後の内閣改造で官房長官として初入閣しました。麻生太郎は外相となりました。郵政民営化法案は秋の臨時国会であっさりと可決・成立しました。

## 皇室典範改正騒動とは何だったのか

小泉純一郎は就任四年余りで無敵とも言えるほどの強力な政権を手に入れました。消費税増税であっても、どんな大改革であってもあっさりできたはずです。憲法改正だって不可能ではなかったと思います。しかし、小泉純一郎は郵政民営化によって「怨念」を晴らすと、大きな目標を見失ってしまったかに見えました。

五年五カ月にわたる長期政権を築いた小泉純一郎は功罪相半《こうざいあいなか》ばする政治家でした。今となっては郵政解散や訪朝ばかりが思い出されますが、有事法制や国民保護法制など安全保障上重要な政策も数多く実現しています。イラクへの自衛隊派遣も小泉純一郎だからこそ実現できたと言えなくもありません。「自衛隊がいるところが非戦闘地域だ」という訳の分からない答弁でイラク人道復興支援特別措置法を通してしまうなんて、国民の人気があったからこそできた業《わざ》だと思います。

米大統領のジョージ・W・ブッシュと固い絆《きずな》を結び、強固な日米同盟を築き上げたのも大きな功績です。でも小泉純一郎は就任当初はとてつもない外交音痴《おんち》でした。国会で「日米同盟」を「日米友好」に言い換えるなんてありえますか。官房副長官だった安倍晋三が「日米は同盟国です。友好はまずいですよ」と進言しても、小泉純一郎は「どうしてだ？日米友好の方が響きがいいじゃないか」と意に介しませんでした。

では、なぜブッシュとそれほど仲良くなれたのでしょうか。平成十三（二〇〇一）年六月、首相として初訪米した小泉純一郎はブッシュと会うなり、こう言いました。

「ドゥ・ユー・ノウ・ハイ・ヌーン？」

ブッシュが首をひねると、小泉純一郎はニヤリと笑い、「ゲイリー・クーパー」と言いました。「ハイ・ヌーン」とは映画「真昼の決闘」のことでした。この映画は、復讐に燃えた悪漢たちが街にやってくるのに街の人は怯《おび》えて誰も戦おうとせず、ゲイリー・クーパー扮する保安官がたった一人で悪漢たちを倒し、保安官バッジを捨てて新妻とともに街を去っていく、というストーリーです。小泉純一郎はこの保安官を自分に重ね、ブッシュに「お前もそうだろ?」と言いたかったようです。ブッシュはこれに気づいて「あの映画は俺も大好きで何度も見たんだ」と大笑いしました。

これだけでもすごい話ですが、この年の九月十一日に米中枢同時テロが勃発すると、小泉純一郎はブッシュに真っ先に電話をかけ、「お前がゲイリー・クーパーだ」と言いました。この瞬間からブッシュにとって小泉純一郎は唯一心を許せる外国首脳となったのです。小泉純一郎の外交は危なっかしい面も多々ありましたが、やはりある種の天才なのかも知れません。

中国がどんなに反発しようとも靖國神社参拝を毎年続けたのもすごかったですね。当時は自民党も外務省も親中派がうようよいたのに意地を貫きました。「政治家は損得ではない何かで動く」ということを、身をもって示したのだと思います。このあたりは安倍晋三にもぜひ見習ってほしいと思います。

そんな小泉純一郎が首相として最後の一年間でこだわったのが、女性・女系天皇を容認するための皇室典範改正でした。これは郵政解散前の平成十六（二〇〇四）年に首相の私的諮問《しもん》機関として「皇室典範に関する有識者会議」を置いたことに始まります。座長は元東京大総長の吉川弘之氏でした。なぜロボット工学の研究者が座長を務めるのか理解に苦しみますが、実質的に会議を仕切ったのは、厚生事務次官や官房副長官を歴任した古川貞《てい》二郎《じろう》氏でした。

この有識者会議は平成十七（二〇〇五）年一月の初会合から着々と議論を進めてきたのですが、政府・自民党は郵政民営化をめぐる政局でそれどころではなかったため、さほど注目を集めることはありませんでした。ところが、郵政解散後に有識者会議は再び動きだし、十一月二十四日に女性・女系天皇を容認し、長子を優先すべきとする報告書を提出したのです。皇室は今上《きんじょう》天皇陛下で百二十六代となり、過去に八人十代の女性天皇が存在しますが、女系天皇はいません。ずっと男系でつないできたのです。女系を認めるとどうなるのでしょうか。不敬かも知れませんが、分かりやすく例えてみましょう。

皇室典範を改正し、内親王である愛子さまが即位して天皇に即位し、民間人の鳩山さんという人と結婚されたと仮定します。そこに玉のような親王殿下（男児）がお生まれになったとします。この親王殿下は皇位継承順位一位となりますが、親王の男系をたどると鳩山家になります。女系をたどると小和田家になりますね。どこかの時点で国民は気づくのではないでしょうか。「あれ、天皇家はどこに行ったの?」と。ずっと男系で続いてきたものを女系に変えた瞬間に皇統は途切れます。逆にもし皇室がずっと女系で続いてきたならば、男系に変えたとたんに皇統は途切れてしまうのです。

小泉純一郎は平成十八(二〇〇六)年の通常国会に皇室典範改正案を提出し、成立させる考えでした。外相だった麻生太郎は思い切って小泉純一郎にこう進言しました。

**麻生太郎**「今度の皇室典範改正はちょっとおかしくないですかね」

**小泉純一郎**「なぜだ?」

**麻生太郎**「愛子さまが即位され、結婚されたとしましょう。それで内親王(女子)、親王(男子)の順にお子様がお生まれになったら、弟の親王殿下に皇位が回ってくる可能性はものすごく低くなってしまいますよ」

**小泉純一郎**「なぜだ? そんなはずはないだろ」

麻生太郎はあの手この手で説明しましたが、小泉純一郎は納得しませんでした。当時農林水産相だった中川昭一は私にこう言いました。

「なあ、小泉総理は皇室典範改正をやる気だよな。だったら閣議決定の前に俺は閣僚を辞任するしかないな。いくら何でも皇統を断絶させるような法律に署名できないだろ」

麻生太郎にこれを伝えると、麻生太郎もきっぱりと「そのときは俺も辞任するしかねえな」と言いました。焦ったのは安倍晋三です。辞任せずに官房長官を続ければ、皇室典範改正の担当閣僚となり、国会答弁までやらねばなりません。「どうするんですか」と問うても安倍晋三は「困ったね」というだけでした。

そうこうするうちに平成十八（二〇〇六）年を迎えました。一月十二日、私のところに警察官僚から電話が入りました。

「皇室典範改正の動きはおそらく近いうちに止まりますよ。もう大丈夫です」

理由はこの日、皇居・宮殿で行われた歌会始《うたかいはじめ》にありました。ここで秋篠宮さま（現在の皇嗣《こうし》殿下）はこんな歌をお詠《よ》みになりました。

「人々が笑みを湛《たた》へて見送りし、こふのとり今空に羽ばたく」

秋篠宮妃紀子《きこ》さまは「飛びたちて大空にまふこふのとり　仰ぎてをれば笑み栄えくる」とお詠みになりました。これを聞き、その警察官僚は「お二人がそろって、赤ちゃんを運んでくるという伝承を持つコウノトリの歌を詠んだのは偶然のはずがない。何か重大なサインに違いない」とピンときたそうです。

この読みはピタリと当たりました。二月七日、宮内庁は、紀子さまに「ご懐妊《かいにん》の兆候がある」と発表しました。この数時間前、衆院予算委員会出席中、首相秘書官からご懐妊を知らせるメモを差し出され、小泉純一郎が仰天する様子がテレビに映し出されました。

紀子さまがご懐妊されたら皇室典範改正は不可能となります。お生まれになるお子様の皇位を大きく左右することになるからです。この日夕方、小泉純一郎は安倍晋三を首相執務室に呼び、こう言ったそうです。

「皇室典範改正は当面見送るしかない。君が総理になってもこの件はよくよく慎重にやらなきゃいけないよ。下手すると壬申《じんしん》の乱になっちゃうぞ」

皇室典範改正を見送った小泉純一郎はすっかりやる気を失ったように見えました。郵政解散で得た無敵の力を使うことはなく、残りの任期中にやったことと言えば、八月十五日の終戦の日に靖國神社に参拝したことくらいでした。政治の焦点は秋の総裁選に移っていきました。

平成十八（二〇〇六）年九月六日、秋篠宮妃紀子さまは元気な男児を出産されました。

悠仁《ひさひと》（親王）さまです。日本中がお祝いムードになりました。もし郵政政局がなく、平成十七年中に皇室典範が改正されていたら一体どうなっていたのでしょうか。皇室典範改正に小泉純一郎が前のめりになったのは、背後に皇室のご意向があったからだと言われましたが、真偽のほどは分かりません。もし、そうならば、小泉純一郎に同情の余地もありますが、安易に皇統に手をつけることがいかに恐ろしいことかお分かりだと思います。

平成三十一（二〇一九）年四月三十日に天皇陛下は退位されて上皇陛下になられ、翌五月一日に皇太子さまが新天皇に即位されました。令和の時代の始まりです。これを見計らったかのように朝日新聞など一部メディアは再び女性・女系天皇容認論を書き立てるようになりました。女系を容認するということは秋篠宮皇嗣殿下や、そのご長男である悠仁さまから皇位を奪うということです。朝日新聞の狙いは一体何なんでしょうか。私には皇統の断絶を狙っているようにしか見えません。

# 第三章

# 人生最大の試練

## 「麻垣康三」と第一次安倍政権

平成十八（二〇〇六）年三月に予算が成立すると、自民党内は「ポスト小泉」に関心が移りました。総裁候補とされたのは、安倍晋三、福田康夫《やすお》、麻生太郎、谷垣禎一《たにがきさだかず》の四人。それぞれから一字とって「麻垣康三《あさがきこうぞう》」と言われました。

各社世論調査では「総理にふさわしい人物」でダントツの一位だったのは、安倍晋三でした。と言っても実態は、小泉純一郎が誰を後継指名するかで決まる総裁選でした。出身派閥の清和研《せいわけん》は百人近くが所属する最大派閥であることに加え、郵政選挙で初当選した小泉チルドレンも九十人ほどおり、これに盟友である元自民党副総裁の山﨑拓《やまさきたく》率いる近未来政治研究会などを加えると、自民党所属議員の半数以上を簡単に動かせる実力を有していたからです。小泉純一郎は一皮むけば派閥人間です。清和研ではない麻生太郎、谷垣禎一を指名することは考えにくいことから、当初から安倍晋三と福田康夫の事実上の一騎打ちとみられていました。

安倍晋三はまだ当選五回の五十一歳でした。それだけに当初は出馬するかどうか迷っている様子でしたが、地元・山口入りした後は出馬ありきで動き始めました。安倍後援会の古参幹部は、先代の安倍晋太郎がお人好しにも竹下登（故人）に総裁の座を先に譲ったばかりに総裁になり損ねたという思いが強い。おそらく彼らに説得されたのでしょう。安倍晋三は私にこう言いました。

「幸運の女神に後ろ髪はないんだよ。目前に来たときに上手く捉《とら》えなければ、スルッと逃げられて二度とチャンスはめぐって来ない」

自分が出馬しなければ、そりの合わない福田康夫が総裁になる可能性が大きいことも、安倍晋三の背中を押したようです。森喜朗《よしろう》は、安倍晋三より十八歳も年長の福田康夫を先に総裁にしたかったようですが、安倍晋三は譲りませんでした。七月には自著『美しい国へ』（文春新書）を出版しました。「自信と誇りを持てる国家」を目指して、外交、社会保障、教育などの立て直しのために何をすべきかを記した本で、政治家が著《あらわ》した本としては異例なほどよく売れました。

それでも福田康夫が出馬していたら、総裁選の行方はどうなっていたか分かりません。小泉純一郎は、福田赳夫《たけお》の書生《しょせい》から政界へ身を転じた経歴を持つだけに、福田康夫を後継指名する可能性は十分あったのです。

しかし、福田康夫は「生体反応なしと書いといてくれ」という迷言を残し、七月二十一日に総裁選出馬見送りを表明しました。理由についてははっきり語りませんでしたが、清和研が分裂しかねないような総裁選をしたくなかったのでしょう。嫌いな安倍晋三に負けるのが癪《しゃく》だったのかも知れません。

福田康夫が不出馬を表明した時点で、安倍晋三の総裁就任は確実な情勢となりました。安倍晋三は九月一日に総裁選出馬を正式表明し、小泉純一郎も予想通り支持を表明しました。九月二十日に第二十一代の自民党総裁に就任し、九月二十六日の首班指名により、第九十代首相となり、第一次安倍内閣を発足させました。

## なぜ失敗したのか

安倍晋三にとってこれが果たしてよかったのか、今となっては分かりません。私は基本的に禅譲《ぜんじょう》を受けた首相はダメだと思っています。後見人の顔色をうかがい続けなければならないからです。安倍晋三も小泉純一郎の改革路線を引き継ぐしかありませんでした。しかも郵政選挙で初当選した「小泉チルドレン」と言われる素人《しろうと》集団のリーダーも務めなければならなかったのです。本格的な政権にするには、速やかに解散・総選挙を行うしかありませんが、郵政政局に伴う衆院選を一年前にやったばかりだけに、なかなか難しい情勢でした。

自民党幹事長を、清和研の兄貴分である中川秀直《ひでなお》にしたことも失敗だったと思います。中川秀直は、森喜朗に逆らって早くから安倍擁立で動いており、そういう意味では論功行賞《ろんこうこうしょう》だったといえますが、中川秀直は案の定、安倍晋三の後見人然として振る舞い、安倍晋三は自民党の情勢を掌握《しょうあく》するのが難しくなりました。

それに日経新聞記者出身の中川秀直は、根っこはリベラルな思想の持ち主でした。安倍晋三はそれを承知で幹事長に起用し、代わりに盟友の中川昭一《しょういち》を政調会長に起用することでバランスを取ったようですが、幹事長と政調会長では、その権力は段違いです。中川秀直は政策にも色々と首を突っ込んできたため、中川昭一は「政調幹事長がいるからやりにくいよ」とぼやいていました。

自らの女房役である官房長官に、秘書時代から仲のよい塩崎恭久《しおざきやすひさ》を起用したのも失敗でした。首相自らがまだ力不足なのに、初入閣の人間を官房長官に起用すれば、官僚機構は官邸をなめてかかります。外相に麻生太郎、総務相に菅義偉《すがよしひで》、文部科学相に伊吹文明《いぶきぶんめい》、厚生労働相に柳澤伯夫《はくお》などを起用し、全体的にはよくバランスの取れた内閣だったのですが、朝日新聞などは塩崎恭久の起用一点をもって「お友達内閣」と書き立てました。

自民党内には古賀誠や加藤紘一、山﨑拓ら「反安倍」のベテラン勢が多数残っていました。前に書いたとおり、安倍晋三が平沼赳夫《たけお》や古屋圭司《ふるやけいじ》ら郵政造反組を復党させようとしたのは、このままでは反安倍勢力に対抗できないと考えたからです。ただ、これは失敗でした。第一次安倍内閣は高支持率を維持しなければ、求心力を保てない構造だったからです。しかも後見人である小泉純一郎との関係は悪化しました。復党問題は十二月になってようやく決着し、平沼赳夫を除く十一人が復党しましたが、七〇%前後あった内閣支持率は五〇%台まで大きく下落しました。これに追い打ちをかけるように、行革担当相の佐田《さた》玄一郎《げんいちろう》の事務所費問題、柳澤伯夫の「産む機械」発言、農水相の松岡利勝《としかつ》の事務所費問題など閣僚の不祥事が相次ぎ、内閣支持率はさらに下落しました。

決定打となったのは平成十九（二〇〇七）年五月二十八日の松岡利勝の自殺でした。同じころ、民主党は「消えた年金」問題への追及を強めました。この問題は、民主党の有力支持団体である社会保険庁の自治労系労組のずさんな仕事ぶりが原因であり、安倍内閣に瑕疵《かし》はなかったのですが、内閣支持率の下落傾向に歯止めがかからなくなりました。さらに六月末には防衛相の久間章生《きゅうまふみお》の「原爆投下はしょうがない」発言が飛び出し、松岡利勝の後任農水相の赤城徳彦《あかぎのりひこ》にも事務所費問題が発覚しました。

そして七月二十九日の参院選で自民党は歴史的な大敗を喫《きっ》し、衆参ねじれとなりました。安倍晋三は内閣改造・党役員人事を断行し、出直しを図りますが、持病の潰瘍《かいよう》性《せい》大腸炎を悪化させ、九月十二日に退陣を表明しました。

今振り返ってみれば、安倍晋三も「青かったな」と思います。それでも教育基本法改正、防衛庁の省昇格、国家公務員法改正、国民投票法など、たった一年間だったとは思えぬほど成果を残しました。首相の諮問《しもん》機関として「安全保障の法的基盤の再構築に関する懇談会」を設置し、集団的自衛権の行使容認に向けた政府解釈変更に向けても動きだしました。日本版NSC（国家安全保障会議）設立に向け、国会に設置法案も提出しました。

この早急な「国家立て直し」策が、リベラル勢力を「このまま安倍政権が続けば、憲法改正までやりかねない」と震え上がらせ、徹底した反安倍キャンペーンに結びついたのでしょう。相次いだ閣僚不祥事も、今となっては中身を思い出せないほどつまらないものが多かったように思います。

第一次安倍政権は悔しさばかりが記憶に残る一年間でしたが、安倍晋三がなめた辛酸《しんさん》は私とは比較になりません。ただ、第一次安倍政権に対する反省と悔しさの経験こそが、平成二十四（二〇一二）年に民主党から政権を奪回し、現在に至るまで強力な政権を築く礎《いしずえ》になったことは間違いありません。

## 小沢一郎にしてやられた大連立構想

安倍晋三は平成十九（二〇〇七）年九月十二日の退陣表明後、入院してしまいました。自民党はまたもや総裁選に突入しました。この時の森喜朗の動きは実に素早かった。福田康夫を総裁にすべく、清和研、宏池会《こうちかい》、平成研、志帥会《しすいかい》など主要八派をあっという間にまとめてしまいました。安倍晋三は後継首相に麻生太郎を望んでいましたが、もはや福田康夫の優勢は崩しようのない情勢でした。

それでも麻生太郎陣営には、菅義偉、甘利明《あまりあきら》、中川昭一らが参集しました。その後、これに安倍晋三を加えた四人は、頭文字をとって「ＮＡＳＡ」と呼ばれるようになりました。命名は産経新聞でした。

中川昭一はある夜、所属する志帥会（当時の領袖《りょうしゅう》は伊吹文明）の若手を集めました。こんなことを滅多にやる男ではないので、若手は何事かと思ったそうですが、若手を前に中川昭一はこう言いました。

「伊吹さんが福田支持を決めたそうだけど、俺は麻生さんが好きなんだ。ひとかたならぬ恩義もある。だから俺は伊吹会長が何と言おうと麻生さんを推すつもりだから、みんな許しておくれ。君たちが福田さんを推そうとそれは全然構わないよ。俺は伊吹さんと違って君たちを恨んだりしないから安心してやってくれ」

これを聞いた若手は涙目になり、帰ろうとする中川昭一に背広を着せるどころか、靴まで履かせてあげたそうです。この会合を機に志帥会の若手は大量に麻生支持に流れました。

九月二十三日に行われた自民党総裁選では、福田康夫が議員票二百五十四票、地方票七十六票の計三百三十票を集めて勝利しましたが、麻生太郎も議員票百三十二票、地方票六十五票を集めました。麻生派（当時は為公会《いこうかい》）が総勢二十人の弱小派閥にすぎなかったことを考えると、もはや自民党で派閥の論理は通用しないことを示したと言えます。総裁選遊説《ゆうぜい》を通じて、麻生人気を知った福田康夫は重要閣僚か党役員での協力を求めましたが、麻生太郎は拒否しました。

福田康夫が首相就任後、手をつけたのは自民党と民主党の大連立構想でした。衆参ねじれを解消するにはそれしかないと考えたからです。この構想の言い出しっぺは読売新聞グループを率いる渡邉恒雄《わたなべつねお》でした。渡邉恒雄は山里会《やまさとかい》という秘密会合を定期的に開催しているのですが、その場で「衆参ねじれを解消するには大連立しかない。自民党と民主党が手を組んで消費税増税や憲法改正など長年動かなかった政治課題に決着をつけるべきだ」と言いだしたそうです。「一体何を言いだすんだろう」と思っていましたが、この構想は水面下で着々と進んでいました。

もっとも前のめりだったのは、当時民主党代表だった小沢一郎でした。「首相は福田康夫のままで大連立を組んでもいい」という小沢一郎の意向が森喜朗を介して福田康夫に伝わってきました。

平成十九（二〇〇七）年十月三十日午前、福田康夫は小沢一郎と国会の常任委員長室で向き合いました。最初は、自民党から幹事長の伊吹文明、国対委員長の大島理森《ただもり》、民主党から幹事長の鳩山由紀夫、国対委員長の山岡賢次も同席しましたが、途中で席を外し、最後の四十五分間は福田康夫と小沢一郎だけで膝詰めで会談しました。記者団に大連立の可能性を問われた福田康夫は「大連立って何なの？　頭の中では何でもできますよ。現実問題としてはどうなんでしょうね」ととぼけましたが、実際には大きな手応えを感じ取っていました。密かに福田康夫から相談を受けた小泉純一郎も「首相を自民党から出せるなら迷う必要はない」と背中を押しました。

二度目の会談は十一月二日午後。ここで小沢一郎は、自衛隊の海外派遣を随時可能とする恒久法《こうきゅうほう》制定にも前向きな考えを示しました。福田康夫は自民、民主両党で大連立を組んだ上で両党の議員が生き残ることができるよう中選挙区制に戻すことも提案しました。小沢一郎は「党内で協議しないといけないな」と言いながら終始にこやかに応じたそうです。福田康夫は安堵《あんど》の表情を浮かべました。

でも、喜ぶのはまだ早かったのです。小沢一郎が民主党役員会を招集し、大連立構想を諮《はか》ると猛反発を食らいました。小沢一郎は「分かった！　断ってくる。この話はなかったことにしよう」と憤然《ふんぜん》と席を立ち、福田康夫に電話をかけ、ご破算にしてしまいました。

よほど悔しかったのか、小沢一郎は十一月四日早朝に幹事長の鳩山由紀夫に辞表を届けました。鳩山由紀夫や代表代行の菅直人《かんなおと》らが慌てふためいて慰留すると、小沢一郎は代表辞任を撤回し、十一月七日の民主党両院議員総会で小沢一郎は目をうるませながらこう語りました。

「恥を忍んでここにやってきました。みなさんに多大なご迷惑をおかけした。私は不器用で口下手な東北気質のままです。次期衆院選で必ず勝利すべく頑張りましょう」

会場は拍手と歓声の嵐となり、最後は「頑張ろう」の三唱で締めくくりました。今振り返っても茶番劇としか言いようがありません。小沢一郎について、現東京都知事の小池百合子はこんなことを言っていました。

「小沢さんは理念モードと政局モードがあって、これがパチッパチッて切り替わるのよ。それに多くの人は最初は魅了されるんだけど、段々嫌になってくるのよね。今は完全に政局モードに入ったわね」

小池百合子の言う通り、民主党代表に戻った小沢一郎は倒閣モードに切り替わっていたのですが、福田康夫は一縷《いちる》の望みをつないでいました。

「話せば分かる。話せば分かるんです」

平成二十（二〇〇八）年一月十五日の記者会見で、福田康夫はこう言い切りました。私は福田康夫の「話せば分かる」という融和的な政治姿勢に共感しませんし、官僚の言うことを無条件に信用してしまうところも理解できません。インテリぶった嫌みな口ぶりも嫌いですし、政治家としてあまり評価したことはありませんが、この時ばかりは心底同情しました。小沢一郎は「大連立を持ちかけたのは福田康夫で自分は話を聞いただけだ」と釈明しましたが、森喜朗は舞台裏をこう明かしました。

「大連立は小沢さんが持ちかけ、福田さんが応えた。これは厳然たる事実だ。福田さんが総裁になった日に俺のところに話がきたんだからね。小沢さんは僕に『急がなきゃダメなんだ』と言ったんだよ。民主党は医療制度や年金問題を批判してるけど、税や社会保障、医療といった問題は避けられないテーマなんだから、こういうのを争点にしたら仮に民主党が政権を取った時に困ることになる。こういう問題こそ、自民党と民主党が一緒になるべきじゃないのかな。ドイツだって大連立を組んで間接税を引き上げ、経済や財政の危機を乗り越えたんだ。小沢さんもそういう気持ちで大連立を持ちかけたんだと思うよ。でも小沢さんの考えは民主党内で受け入れられなかった。もう今は手足を縛られてリングに上がっているのと一緒でしょ。もう俺が電話しても小沢さんは出ないよ。頼まれて仲介したのに『すまなかった』の一言もない。民主党の渡部恒三《わたなべこうぞう》と話をしたら『昔からそうだから俺たちは慣れてんだが、病気はいつまで経っても治んねえな』と笑ってたけどね」

森喜朗の言う通り、小沢一郎は大連立構想などなかったかのように、衆参ねじれを最大限利用して政治圧力をかけてきました。予算案は衆院の優越で成立しますが、予算に関連する法案はそういきません。自公両党は衆院で三分の二超の議席を有していたので衆院で再議決すれば成立するのですが、そうなると民主党は内閣不信任案決議案を出し、その後一切審議拒否するでしょう。福田康夫はそれだけは避けたかったのです。

小沢一郎が目をつけたのは、年度末に期限が切れる「日切《ひぎ》れ法案」でした。この法案が成立しないと予算案が成立しても執行できないのです。中でもガソリンにかかる揮発油《きはつゆ》税の暫定税率を維持するための日切れ法案が年度末で切れると、その影響は絶大でした。民主党は「ガソリン値下げ隊」などを編成し、全国で大キャンペーンを始めました。

一月二十九日夜、自民、公明両党は窮余《きゅうよ》の策として、揮発油税の暫定税率期限切れを防ぐためのブリッジ法案を国会に提出しました。法案が一月中に衆院通過すれば、民主党が掲げる四月からの「ガソリン値下げ」は水泡《すいほう》に帰《き》します。民主党は、本会議開会を阻もうとピケを張り、衆院議運委員長の笹川堯《ささがわたかし》らを議運理事会室に監禁しました。国会内には怒号が響き渡りました。

ところが、翌三十日に事態は急変しました。衆参議長が仲裁に乗り出し、与野党幹事長が暫定税率を担保する歳入関連法案に関し「年度内に一定の結論を得る」とする合意文書を交わしたのです。

自民、公明両党は胸をなで下ろしましたが、民主党に常識や良識は通用しませんでした。

民主党は二月末の予算案の衆院強行採決を理由に議長仲裁を反故《ほご》にしたのです。この時の参院議長は江田五月《えださつき》でした。判事出身の男が、自分がサインした約束をいとも簡単に破るとは驚きでした。しかも責任を取って議長を辞任することさえしませんでした。福田康夫は道路特定財源の一般財源化を表明し、「混乱を回避し、国民生活を守るという首相の責任を全うするために何としても野党のみなさんとの話し合いの機会を作らなければいけない」と訴えて民主党に協力を呼びかけましたが、小沢一郎はにべもありませんでした。「政府・自民党の言う通りにいかないと国民生活が混乱するという論理は、半世紀以上続いた長期権力のおごりであり錯覚じゃないのか」

福田康夫と小沢一郎、果たしてどちらがおごっているのでしょうか。四月一日にガソリンは全国一斉値下げとなり、民主党は勝利の美酒に酔いしれました。このガソリン値下げ騒動は、自公両党が五月に衆院再議決により元の税率に戻して落ち着きましたが、私は民主党の卑怯《ひきょう》なやり口にはすっかり嫌気がさしました。しかも、民主党はその後政権を奪取した後にガソリン値下げなどやろうともしませんでした。その瞬間だけ国民受けがよければよい。自民党を追い込んで、政局的に有利にさえなればよい。彼らにはそんな発想しかないことを思い知りました。

三月の日銀総裁人事でも、小沢一郎は、政府案の元財務事務次官の武藤敏郎《むとうとしろう》を充《あ》てる案を突っぱね、副総裁候補だった日銀出身の白川方明《しらかわまさあき》を総裁に押し上げました。これが金融政策上の観点から小沢一郎が白川方明に入れ込んでいたならば話も分かりますが、むしろ本音では武藤敏郎にしたかったようです。福田康夫は、小沢一郎に事前に電話をかけ、武藤敏郎の起用で内諾《ないだく》を得ていました。つまり、小沢一郎は自民党を追い込むためだけに日銀人事に手を突っ込んだのです。日銀人事さえ政局に使う非常識さには呆れてものも言えません。結局、学究肌の白川方明はデフレに有効な手立てを打てず、デフレ不況を長期化させただけでした。

## 福田康夫の引き際

四月九日、福田康夫は就任以来二度目の党首討論（国家基本政策委員会合同審査会）に臨みました。一月九日の初の党首討論では「まったく同感です」「ごもっともな話です」と小沢一郎に同調していましたが、この日は違っていました。

「百日ぶりの討論ですが、こちらが質問にお答えする前にぜひ一つお尋ねしたい。昨年、お会いしたときは『一緒になってやらなきゃいかん』という気持ちだったと思いますが、その気持ちを忘れてもらっては困ります。（野党にも）政治に対する責任はあるのだから誰と話せば信用できるのかぜひ教えていただきたい。本当に苦労しているんですよ。かわいそうなくらい苦労しているんですよ……」

福田康夫

懇願調で何とも情けないですが、これが福田康夫の小沢一郎への決別宣言でした。五月十三日、福田康夫は、そりが合わないはずの安倍晋三を訪ねました。

「いやーっ、『戦略的互恵関係』っていうのはなかなか便利な言葉だね」

福田康夫はさばさばした表情でこう切り出し、五月七日の胡錦濤《こきんとう》中国国家主席との会談の話を切り出しましたが、目的は別にありました。

「小沢っていうのは本当にひどい男だ！　つくづく嫌になったよ。もう国会は延長せずに閉じる。僕はね、予算が通れば辞めてもいいと思ってたんだ……」

福田康夫の激しい口調に、さすがの安倍晋三も「何を言っているんですか。七月には洞《とう》爺《や》湖《こ》サミットもある。ここで踏ん張らないでどうするんですか」と取りなすと、福田康夫は「まあサミットがあるからね」と冷静さを取り戻し、「おじゃましたね」と帰っていきました。なぜ福田康夫が安倍晋三に苦しい心境を吐露《とろ》したのかは分かりませんが、すでにこのころから福田康夫は「引き際」を探っていたのです。

福田康夫は、六月の独英伊歴訪や七月七～九日の主要国首脳会議（北海道洞爺湖サミット）でも議長国として存在感を示すことができ、次第に気力を取り戻していきましたが、その裏で予想もしなかった動きが進みつつありました。公明党による「福田降ろし」です。「次の衆院選はいつになるか分からない。福田首相が自らの手で解散するか。あるいは支持率が低迷し次の首相で解散になるか……」

七月二日夜、公明党代表を長く務めた神崎武法《かんざきたけのり》が千葉県内で講演し、「次の首相」を口にしました。自民党はさほど重く受け止めていませんでしたが、実は創価学会の意を汲《く》んだ「観測気球」だったのです。創価学会が注視したのはサミット後の内閣支持率でした。創価学会はサミット効果で六ポイント上がれば、回復基調に乗るが、それ未満ならば「退陣やむなし」と踏んでいたのです。六という微妙な数字の根拠は分かりません。

果たして内閣支持率はサミット後も横ばいでした。これを機に公明党は露骨な陽動作戦に動きだしました。幹事長の北側一雄は「内閣改造したからといって支持率が高くなる保証はない」と言い放ち、公明党代表の太田昭宏は、福田康夫の党首会談の誘いに難色を示しました。内閣改造を断行されれば、福田政権のまま解散になる可能性が高まるからでした。

このような公明党の「選挙至上主義」には怒りを禁じ得ませんが、公明党にも言い分がありました。福田康夫が断りもなく、小沢一郎と大連立構想を進めたことです。民主党と大連立となれば次は「公明外し」になることは自明でした。友党の心変わりにより再び苦境に立たされた福田康夫が切り札にしたのが、麻生太郎の幹事長起用でした。

七月三十一日夜、麻生太郎は夫人の千賀子《ちかこ》と水入らずで山形・かみのやま温泉に静養に行った矢先に、福田康夫から電話で幹事長就任を要請されました。苦しい決断でした。幹事長に就任すれば福田康夫と一蓮托生《いちれんたくしょう》となりかねません。しかし、固辞《こじ》すれば麻生太郎が福田康夫に引導を渡したことになりかねません。麻生太郎は即答せずに東京に戻りました。

八月一日、福田康夫は麻生太郎を公邸に招き、こう言いました。

「自民党は結党以来の存亡の危機です。なんとか力を貸してください」

麻生太郎が返答に窮していると、福田康夫はこう続けました。

「私の手で解散をするつもりはありません。あなたがやってください」

これには麻生太郎も二の句を継げず、深々と頭を下げました。麻生太郎の幹事長就任により、政権は小康状態を取り戻しましたが、福田康夫はなおも「引き際」を探っていたのです。

九月一日夜、福田康夫は首相官邸で記者会見を開き、唐突に辞任を表明しました。

「国民生活を考えれば、政治的な駆け引きで政治空白を生じることがあってはなりません。この際、新しい布陣で政策実現を図らなければならないと判断し、本日辞任を決意しました」

福田康夫は麻生太郎とこの直前に会い、こう言いました。

「この難局で続けていくのは難しいので辞めようと思います。後はあなたの人気で華々しく総裁選をやり、民主党を打ち負かしてください」

ある意味で見事な引き際でした。福田康夫は記者会見の最後で、ある記者に色々突っ込まれ、「あなたは『他人事《ひとごと》のようだ』とおっしゃるが、私は自分を客観的に見ることができる。あなたとは違うんです」と切れてしまい、顰蹙《ひんしゅく》を買いましたが、地位に恋々《れんれん》としない自らの美学を、何も知らない奴に踏みにじられた思いだったのでしょう。

## 麻生政権の苦境と政権交代選挙

福田康夫の退陣を受けた自民党総裁選は平成二十（二〇〇八）年九月十日に告示され、麻生太郎、元官房長官の与謝野馨《よさのかおる》（故人）、小池百合子、元政調会長の石原伸晃《のぶてる》、元防衛相の石破茂《いしばしげる》の五人の争いとなりました。結果は麻生太郎が議員票、地方票あわせて三百五十一票を獲得して圧勝しました。四回目の挑戦の末につかんだ総裁の座でした。

九月二十二日に新総裁に選出された麻生はこう宣言しています。

「私に与えられた天命とは、次なる選挙で断固民主党と戦うことです。国民が抱える数々の不安に応え、国家国民を守る安全保障問題を堂々と掲げ、実行に移す力はわが党以外にありません」

麻生太郎は九月二十四日に衆院で首班指名を受け、第九十二代首相に就任しましたが、内閣支持率、自民党支持率ともに期待ほどは回復しませんでした。安倍晋三、福田康夫と一年ごとに政権が代わったことに国民は冷ややかだったのです。九月十五日には米証券大手リーマン・ブラザーズが破綻《はたん》し、「リーマン・ショック」と呼ばれる世界恐慌が広がりつつあったことも影響したようです。就任直後に電撃解散を打つというシナリオは早くも崩れ始めました。しかも米国では、民主党大統領候補のバラク・オバマが「イエス・ウィー・キャン」と言いながら、政権交代の風を吹かせていました。これが太平洋を渡ってくるのは時間の問題に思われました。

九月下旬に自民党は極秘世論調査を実施しました。分析結果は、自民党は小選挙区（三百選挙区）で百四十六議席、比例代表（百八十議席）で六十九議席の計二百十五議席にすぎませんでした。民主党は小選挙区百四十一、比例代表七十三の計二百十四議席で拮抗《きっこう》しており、公明党が現状三十一議席を維持すれば、自民、公明両党で過半数（二百四十一議席）をわずかに上回る数値でした。

別添の分析メモはさらにショッキングな内容でした。相手候補に五ポイント以上差を付けた「当選有力議席数」では、自民党は小選挙区で八十四議席にすぎず、比例代表を加えても百四十一～百四十七議席を獲得できれば御《おん》の字《じ》でした。逆に民主党は小選挙区で五ポイント以上リードしている選挙区が百二十一もあり、比例代表も合わせれば、二百議席に迫っていました。リーマン・ショックによる株価下落は凄《すさ》まじく、その怒りと不安は政権与党に向きつつありました。「オバマ旋風」の相乗効果を計算に入れると、この時点で政権交代は現実味を帯びていたのです。

麻生太郎はやむなく代表質問最終日の十月三日解散のシナリオを捨てました。次に狙ったのは、第一次補正予算を成立させ、第二次補正予算のメニューを示した直後の解散でした。麻生太郎は十月十日夜、幹事長の細田博之《ほそだひろゆき》を都内のホテルに密かに呼び出し、十一月十八日公示、三十日投開票の衆院選日程を明かし、準備を指示しました。

しかし、株価と連動するように内閣支持率は下落の一途をたどっていました。「このまま総選挙に突入するとまずい」。選挙対策を事実上取り仕切っていた菅義偉はそう考えて猛烈な巻き返しを図りました。

十月十六日夜、菅義偉は中川昭一、甘利明とともに都内のホテルで麻生太郎に衆院を解散しないように説得しました。麻生太郎は「おれはデータなんか信じない。勝負してみないと分からないじゃないか」と強気でしたが、菅義偉に「やっとの思いで政権を取ったのに何もやらずに政権を手放すんですか」と言われ、「う〜ん、悩むな」と黙り込んでしまいました。

結局、解散は先送りされました。すると待ってましたとばかりにメディアの麻生バッシングが始まりました。「連夜のバー通い」「カップラーメンの値段を知らない」「漢字が読めない」――。取るに足らないような、どうでもよい批判を連日のように取り上げ、内閣支持率はジリジリと下落を続け、ついに二〇％を割り込みました。年が明けた平成二十一（二〇〇九）年二月には、先進七カ国財務相・中央銀行総裁会議（G7）後の「朦朧《もうろう》会見」で財務相の中川昭一が辞任してしまいました。

ただ、反転攻勢の機会がなかったわけではありません。三月に西松建設の違法献金事件で小沢一郎の公設秘書が東京地検特捜部に逮捕され、自民党の支持率は久々に、民主党の支持率を上回りました。安倍晋三は「今がチャンスだ。解散するには今しかない」と言いましたが、麻生太郎はこの傾向はもう少し続くと考え、景気対策を優先させました。五月の連休後に小沢一郎と党首会談を行い、補正予算成立直後に衆院を解散する腹づもりだったのです。

結局、この判断が命取りになってしまいました。先手を打ったのは小沢一郎でした。五月十一日に民主党代表を電撃辞任し、次の代表に鳩山由紀夫が選ばれました。小沢一郎は選挙担当の代表代行という役職で、カネも権限をすべて掌握した存在で、看板をすげ替えただけの交代劇でしたが、民主党の支持率は一気に跳ね上がり、ここから先はいつ衆院を解散しても政権交代は確実な情勢となりました。自民党内では、中川秀直らが麻生降ろしに動き、これに公明党も同調しました。追い込まれての内輪もめほど醜《みにく》いものはありません。自民党支持率はますます低迷しました。

七月十二日、東京都議選で自民党は惨敗しました。翌十三日に麻生太郎は二十一日の衆院解散を明言しましたが、もはや党勢を回復させる手立ては残っていませんでした。八月三十日投開票の衆院選は民主党が三百八議席を獲得して大勝し、自民党は百十九議席という歴史的惨敗を喫しました。中川昭一や萩生田光一《はぎうだこういち》も落選しました。公明党も代表の太田昭宏、幹事長の北側一雄ともに落選しました。麻生太郎は退陣を表明し、野党自民党の総裁は谷垣禎一に代わりました。

細川護熙《もりひろ》の連立政権が行った政治改革で導入された小選挙区比例代表並立制は「政権交代可能な制度」と言われ、平成八（一九九六）年に導入されましたが、十年余りを経て、それが現実となりました。私もかつては「日本も政権交代した方がいい」と思っていました。

しかし、福田康夫政権での民主党のやり方の卑劣さ、無責任さ、無能さを見て「こんな政党に政権を取らせたら日本は滅びる」と思うようになりました。

麻生政権でも、民主党のやり口は全く変わりませんでした。当時の情勢からみれば、民主党に政権が回ってくるのは時間の問題でした。それならば政権運営に向けた準備をしっかりやるべきですが、ほとんど何もしていませんでした。それどころか、政権交代前から小沢一郎には資金管理団体「陸山会」に絡《から》む「政治とカネ」問題が、鳩山由紀夫には母親からの多額献金問題が、それぞれくすぶっていたのです。米軍普天間《ふてんま》飛行場移設問題をめぐり、鳩山由紀夫は「最低でも県外」と言い、これがいずれ大問題となることも自明でした。そもそも「日本は日本人だけのものではない」と公言する人物が、日本の首相としてふさわしいでしょうか。

にもかかわらず、これらを問題視したのは産経新聞だけでした。他のメディアは、政権交代すればバラ色の未来が広がるかのような報道をなおも続けました。その産経新聞でさえ、多くの記者たちが「一度政権交代した方がいい」と言っているのを聞き、愕然《がくぜん》としたのを覚えています。政権交代は残念ながら必然でした。人は一度痛い思いをしなければ、懲《こ》りないものなのです。

# 第四章
# 政権交代、悪夢の日々

## 悪夢そのものだった民主党政権

私は小泉政権末期から福田政権まで平河(与党)キャップを務め、麻生政権で政治部次長兼官邸キャップを務めましたが、政権交代を機に政治部デスク専任となりました。永田町を離れるのは残念でしたが、かえってよかったのかも知れません。民主党政権はとても平常心を保てないほどひどい政権だったからです。

衆院選圧勝を受け、民主党代表の鳩山由紀夫は平成二十一(二〇〇九)年九月十六日に第九十三代首相に就任しました。民主党と社民党と国民新党の連立政権です。社民党党首だった福島瑞穂《みずほ》までも消費者・少子化・男女共同参画担当相として入閣しました。小沢一郎は幹事長に返り咲き、政権のほぼすべてを掌握《しょうあく》する存在となりました。

「もの言えば唇寒《くちびるさむ》し」とはこのことです。永田町の雰囲気は一変しました。自民党はある意味で「緩い」政党で、議員会館の事務所の扉はいつも開きっぱなし。中に入ると政治家や秘書、後援会幹部、業界関係者らがお茶を飲みながら歓談していました。記者もそれに割り込んで、どうでもよい情報を収集するのが日課でした。

ところが、民主党政権は違いました。事務所に行くにもアポイントがなければダメ。名前や所属、用件などを書いた取材依頼を出すと、その紙はすぐさま民主党幹事長室の小沢一郎にFAXされました。ほとんどの取材依頼は却下です。「いつから永田町は社会主義国家になったのか」と思いました。小沢一郎は、自民党を干し上げるべく業界団体に圧力をかけ、自民党本部は細川護熙《もりひろ》連立政権の頃と同じように閑古鳥《かんこどり》が鳴いていました。

鳩山由紀夫は初閣議で事務次官会議廃止を決め、「日米間の『核密約』調査」「八ツ場《やんば》ダム中止」「『アニメの殿堂』建設中止」などを各閣僚に命じました。果たしてこれが政策と言えるでしょうか。この直後に鳩山由紀夫は国連総会開催中の米国を訪問し、米大統領のバラク・オバマに「東アジア共同体構想」や「友愛外交」を訴えました。中国国家主席の胡《こ》錦濤《きんとう》には「チベット問題は中国の内政問題だと理解している」と胸を張りました。オバマも胡錦濤も、あまりの浮世離れにさぞかしドン引きしたことでしょう。

民主党は衆院選のマニフェストで「年三十一万二千円の子ども手当」「農家の戸別所得補償」「公務員人件費の二割削減」「高速道路無料化」「ガソリン税廃止」「消えた年金の徹底調査」「月七万円の最低保障年金」「中小企業向け減税」「衆議院の比例代表八十削減」などバラ色の政策をうたいましたが、きちんと実現したものはほとんどありません。これを詐欺と言わずして何と言えばよいのでしょうか。

それでもこれらは「財源がなかった云々《うんぬん》」と言い訳できます。しかし、鳩山由紀夫が米軍普天間《ふてんま》基地移設を「最低でも県外」と言ったことは言い訳のしようがありません。「腹案がある」と大見得を切りましたが、漠然と奄美《あまみ》大島などへの移設を考えていた程度で、「腹案」と言える代物《しろもの》ではありませんでした。

鳩山由紀夫は十一月十三日、来日したオバマから普天間移設に関する日米合意の早期履行《りこう》を求められ、「プリーズ・トラスト・ミー（どうか私を信じてください）」と言いました。オバマは「アブソリュートリー・アイ・トラスト・ユー（もちろん、君を全面的に信頼してるよ）」と応じたそうですが、鳩山由紀夫は翌十四日に来日中のオバマを置き去りにしてシンガポールを訪問し、記者団に「それはオバマ大統領の誤解だ。日米合意は前提ではない」「年末までに解決するとは言っていない」などと釈明しました。これで怒らない人はいません。

オバマは平成二十二（二〇一〇）年四月に米ワシントンで初開催された核安全保障サミットの際、鳩山由紀夫との会談を「多忙」を理由に拒否しました。日本の外務省が米政府に頼み込んで、夕食会の席を隣にしてもらいましたが、オバマは、鳩山由紀夫の釈明を遮《さえぎ》ってこう言いました。

「ユー・ハブ・ダン・ナッシング。キャン・ユー・フォロー・スルー?（何も進んでないじゃないか。お前は本当にやり遂げることができるのか?）」

これが対等な首脳同士の会話でしょうか。オバマは「核なき世界」を訴えながら、ほとんど何もせず国際社会を混乱させた張本人です。米国務省では「ジミー・カーターの再来」と言われていました。こんな男に日本の首相が失礼な仕打ちを受けたら日本人は怒るべきでしょうが、鳩山由紀夫が相手ならば「仕方がないかな」と思ってしまいます。しかも鳩山由紀夫は「トラスト・ミー」発言について、後に「夕食会でパンケーキを勧めるときにトラスト・ミーと言っただけだ。普天間とは関係ない」と言い訳しています。一体どういう神経の持ち主なのでしょうか。

## 日本の対外的信用を毀損《きそん》した

結局、鳩山由紀夫は五月四日、「学べば学ぶほど（米海兵隊が）抑止力を維持していることが分かった」と述べ、米軍普天間飛行場の県外移設の見送りを表明しました。中国やロシアをはじめ世界の主要国は、日米同盟の動きを常に注視しています。鳩山由紀夫は、長年築き上げてきた日本の国際的な信用力をどん底に貶《おとし》めたと言ってよいでしょう。現在の韓国大統領、文在寅《ムンジェイン》は条約さえ踏みにじるでたらめな外交を続け、多くの日本人は呆れ果てていますが、つい十年前の日本政府は同レベルかそれ以下だったことを忘れてはなりません。

鳩山由紀夫が母親の安子（故人）から毎月一千五百万円の資金提供を受けながら政治資金収支報告書に虚偽記載していた問題も火を噴きました。受け取った「子ども手当」の総額は十二億六千万円。これは悪質な脱税事件ですが、東京地検特捜部は元秘書二人を政治資金規正法違反の罪で起訴しただけで捜査を終結させ、鳩山由紀夫は贈与税納付だけで難を逃れました。自民党議員が同じことをしていたらどうなっていたでしょうか。東京地検はダブルスタンダードという誹《そし》りは免れません。

平成二十二（二〇一〇）年一月、小沢一郎の陸山会《りくざんかい》をめぐる「政治とカネ」問題で、東京地検特捜部は、秘書ら三人を政治資金規正法違反容疑で逮捕しました。そもそも資金管理団体が不動産売買をしていること自体がおかしな話です。起訴状によると、二十億円超の虚偽記載が見つかりました。にもかかわらず、小沢一郎は嫌疑不十分で不起訴処分になりました。

平成二十一（二〇〇九）年十二月には、中国国家副主席だった習近平（現国家主席）を「三十日ルール」をねじ曲げて天皇陛下（現上皇陛下）に会見させた問題も発覚しました。小沢一郎は記者会見で「内閣の一部局の役人が内閣に文句を言うなら辞表を提出してから言うべきだ」と言い放ちました。

この頃になって国民もようやく民主党の異常さと無責任さに気づいたようです。発足当初七〇％を超えた内閣支持率は下落の一途をたどりました。

民主党政権は、リベラル勢力の無定見、無責任、独善《どくぜん》、欺瞞《ぎまん》を具現化したような政権でした。私は「いくらこんな政権でも、よいことをしたら褒《ほ》めてやろう」と思っていたのですが、見事に何もありませんでした。外交も、安全保障も、経済政策もすべてでたらめ。日本の国際的な地位は失墜《しっつい》し、経済もどん底。「日本はこのまま終わってしまうかも知れない」。本気でそう思いました。

そんな中、同期の阿比留瑠比《あびるるい》（現政治部編集委員兼論説委員）は民主党政権発足当初から取り憑《つ》かれたように批判記事を連日書いてくれました。単に表層的に批判するだけではなく、「民主党解剖」などの連載を通じて、民主党という政党の奥に潜む危険性をあぶり出しました。政権交代直後は産経新聞の読者さえも「産経は民主党に厳しすぎる」と批判の声が強かったのですが、三カ月後には賛同する声が圧倒的な多数を占めるようになりました。それでも他のメディアは民主党には甘かった。末期の自民党政権への異様なまでの攻撃は一体何だったのでしょうか。

鳩山由紀夫は六月二日、民主党の両院議員総会で退陣を表明しました。

「私たちの政権与党のしっかりとした仕事が、必ずしも国民の皆さんの心に映っていない。国民が徐々に聞く耳を持たなくなってしまった」

鳩山由紀夫は辞任理由をこう述べましたが、まるで国民が悪いかのような言いっぷりには心底呆れました。

## 「邪悪な男」菅直人

次に民主党代表となり、第九十四代首相に就任したのは、菅直人《かんなおと》でした。鳩山政権よりは多少まともになるかと期待しましたが、輪をかけてひどい政権でした。

菅直人は小泉純一郎の政治手法に相当影響を受けたのでしょう。党内に敵を作り、ファイティングポーズを見せることで、政権を浮揚《ふよう》させる手口を多用しました。敵は小沢一郎でした。しかし、民主党は、自民党から政権を奪うためだけに思想・信条の違う面々が集まった「寄せ集め」所帯です。党内で敵を作ると求心力を維持できません。菅直人が小泉流をまねたばかりに、民主党の崩壊は加速しました。考えようによっては「菅直人はよいことをした」と言えるかも知れません。

政権交代前から森喜朗《よしろう》が面白いことを言っていました。

「民主党は君が思っているより強固な組織だぞ。小沢一郎、鳩山由紀夫、菅直人が『トロイカ』とかいうトライアングルを作ってるだろ。この三人は普段反目していても、岡田克也や前原誠司らがのし上がってくると、がっちり固まって潰してしまうんだ。三角形の頂点をカチカチと交代しながらね。これが健在な限り強い。でもこのトライアングルが壊れたら党自体が分解する。その時が民主党を潰すチャンスだ」

果たして予想通りになりました。森喜朗の政局の先を読む能力は抜群に鋭いのです。自分の損得や好き嫌いが絡《から》む自民党の政局では読み違えることもありましたが、民主党に関しては、その読みはほぼ当たっていました。

菅直人はもう一つよいことをしています。平成二十二（二〇一〇）年七月の参院選で、唐突に消費税増税を掲げました。現実主義の責任感のある政党であることをアピールしたかったのかも知れませんが、大して信念はないので、民主党内で猛反発に遭うと、発言を二転三転させ、混乱に拍車をかけました。参院選の結果は一人区で八勝二十一敗と大きく負け越し、獲得議席は四十四議席に留まりました。民主党は連立与党の国民新党を合わせても参院で過半数割れとなり、衆参は再びねじれました。これにより、民主党政権は、人権侵害救済法案などトンデモ法案を容易に成立させることができなくなったのです。これは菅直人の最大の功績だと思います。

民主党政権時代は、政局報道でネタに事欠くことはありませんでした。次々に騒動が起きるからです。ただ、自民党のような深謀遠慮《しんぼうえんりょ》はないので、その日限りの日替わりメニューです。

民主党は学生コンパみたいなものなのです。こっちで猥談《わいだん》で盛り上がっているかと思えば、あっちの席ではつかみ合いのけんかが始まる。隅っこでひたすら女の子を口説いている奴がいるかと思えば、泥酔している奴もある。人生についてこの国の将来について大真面目で語り合っている奴もいます。でもみんな安酒に酔っ払っているので何となく楽しい。そして店で火事が起きようともギリギリまで誰も気づかないのです。そういうどうでもよい組織なので、これ以上民主党の悪行を書き連ねるのはやめにします。無意味ですし、ちっとも面白くありませんから。

ただ、平成二十二（二〇一〇）年九月七日、日本固有の領土である尖閣諸島付近で、海上保安庁の巡視船に中国漁船が衝突した事件での菅直人内閣の対応は看過《かんか》できません。

海上保安庁は漁船の船長を逮捕し、那覇地検石垣支部に送検しました。中国は強硬に船長の釈放を求めました。慌てた菅直人は十三日に船員十四人を帰国させましたが、那覇地検は、船長だけは勾留《こうりゅう》を続け、起訴に向けて司法手続きを進めました。すると中国はさらに圧力を強め、レアアースの輸出停止などの報復措置を次々に打ち出し、ゼネコン・フジタの社員四人も拘束しました。これに恐れおののいた政府中枢《ちゅうすう》は検察庁に圧力をかけ、那覇地検は九月二十四日にやむなく船長を処分保留で釈放しました。

官房長官の仙谷由人《せんごくよしと》（故人）は「（船長釈放は）那覇地検独自の判断だ。これを諒《りょう》とする」と語り、検察庁に罪をなすりつけましたが、仙谷由人の主導で検察に圧力をかけたことは数々の証言で裏付けられています。

この事件は重大な意味を持っていました。中国がすでに尖閣諸島を含む東シナ海を事実上の領海と見なしていることを図らずも証明してくれたからです。それだけに、日本が尖閣諸島周辺海域で海上警察権を公使できることを絶対に認めるわけにはいかなかったのです。

中国は「権力の空白」を決して見逃しません。一九七三年に米軍がベトナムから撤退すると、翌七四年に西沙《せいさ》諸島（パラセル諸島）を軍事占領してしまいました。一九九一年に米軍がフィリピンのスービック海軍基地とクラーク空軍基地から撤退すると、翌九二年に領海法という国内法を作り、尖閣諸島、西沙諸島、南沙《なんさ》諸島（スプラトリー諸島）を中国領だと勝手に規定しました。その後、南沙諸島を次々に占領し、滑走路やミサイル格納庫を有する巨大な人工島を建設していきました。現在は七つの人工島を建造し、うち三つに三千メートル級滑走路を整備しています。

民主党政権の迷走により、日米同盟がかろうじて命脈を保っているような状態を見て、中国は「力の空白」が生じたと判断したのでしょう。もし、あのまま民主党政権が続けば、尖閣諸島を軍事占領されるのは時間の問題だったと思われます。そして中国は次の触手を、台湾、そして沖縄本島を含む南西諸島に伸ばしてきたに違いありません。日本という国家は存亡の瀬戸際まで追い込まれていたのです。

## 悪夢に追い打ちをかけた震災対応

平成二十三（二〇一一）年三月十一日午後二時四十六分、三陸沖を震源に起きたマグニチュード九・〇の巨大地震は、大津波を発生させ、東北地方を中心に甚大《じんだい》な被害をもたらしました。東日本大震災です。平成七（一九九五）年の阪神大震災が起きたのは、社会党の村山富市《とみいち》が首相を務める自社さ連立政権の時でした。皇室に尊敬の念を持たない首相が在任中に天変地異が起きたのは単なる偶然なのでしょうか。

東日本大震災では、地震と津波もさることながら、東京電力福島第一原発の事故が被害を拡大させました。震災直後に福島第一原発に菅直人がヘリコプターで視察に行ったことが混乱を増大させたと批判されましたが、こんなことは大した話ではありません。菅直人内閣の最大の罪は、福島第一原発がメルトダウンし、大量の放射能が周辺地域に拡散したにもかかわらず、有効な対策を打たず、情報を隠蔽《いんぺい》し続けたことにあります。

福島第一原発では、津波により全電源喪失に陥《おちい》った一～三号機で原子炉が空焚《からだ》きとなり、核燃料が自らの熱で溶けだすメルトダウン（炉《ろ》心溶融《しんようゆう》）が起きていました。この影響で一、

三、四号機は水素ガス爆発を起こして原子炉建屋《たてや》が吹っ飛び、大量の放射性物質が放出されました。東京工業大卒で「俺は原発には滅茶苦茶詳しい」と豪語していた菅直人が、メルトダウンが起きていることを知らなかったはずはありません。

官房長官の枝野幸男《えだのゆきお》(現立憲民主党代表)は三月十四日夜の記者会見で「(メルトダウンが)起きている可能性は高い」と語ったにもかかわらず、その後は「炉に穴があく状態ではない」「冷却は一定程度できている」などととぼけ続けました。結局、菅直人内閣が正式にメルトダウンを認めたのは国際原子力機構に報告した六月でした。

しかも、事故直後から文部科学省所管の原子力安全技術センターが運用するSPEEDI(緊急時迅速放射能影響予測ネットワークシステム)は周辺地域への放射能拡散を予測していました。なぜ、政府は被災地住民に避難指示や屋内待機指示を出さなかったのでしょうか。当時、被災者は屋外で炊《た》き出しをしていたのです。原発事故担当の首相補佐官だった細野豪志《ごうし》は五月二日、公表が遅れた理由を「パニックを誘発するのを避けたかった」と説明しています。パニックによる政権批判を恐れて、被災者を見殺しにしたと批判されても仕方ありません。

一連の経緯については、政府や国会、民間事故調などが分厚い検証報告をまとめています。菅直人は東京電力や原子力安全・保安院、原子力安全委員会に責任をなすりつけていますが、当時の首相官邸が機能不全に陥り、混乱を助長したことは多くの証言で裏付けられています。

では、大震災直後、菅直人は何をしていたのでしょうか。誰彼構わず怒鳴り散らすばかりでした。首相官邸は「恐怖の館」と言われ、怒鳴られた官僚は「今日は〇〇シーベルトだった」と洒落《しゃれ》にならないジョークを言い合うほど、官邸は荒涼《こうりょう》としていたのです。

ある官僚は首相執務室に入って唖然《あぜん》としました。執務室の机には新聞や雑誌の切り抜きが散乱しており、至る所に傍線が引いてあったそうです。菅直人は、この重大な局面にメディアが自分のことをどう書いているのかばかりを気にしていたのです。これでは事故対応や被災地支援が後手に回って当たり前です。

官邸の対応に批判が集まる中、菅直人は五月に中部電力浜岡原発を強引に停止させ、「反原発」に舵《かじ》を切ることで政権浮揚を狙いましたが、これも失敗しました。民主党内で「菅降ろし」が起き、六月二日に自民、公明両党が内閣不信任案を提出すると、多くの民主党議員が同調して可決されそうになりました。菅直人は鳩山由紀夫との会談で速やかな退陣をほのめかして、その場を収め、難を逃れました。

内閣不信任案に賛成票を投じ、後に除籍処分となった民主党の松木謙公《まつきけんこう》は菅直人を「邪悪な男だ」と断じました。しかも菅直人はその後もあの手この手で続投を模索したため、あの鳩山由紀夫に「ペテン師」となじられました。このような内ゲバと言えるような醜《みにく》い争いの末、菅直人は平成二十三（二〇一一）年八月二十六日、再生可能エネルギー特別措置法などの成立と引き換えに退陣しました。

この後、民主党代表に選出された野田佳彦が九月二日に第九十五代首相に就任しました。野田佳彦はひたすら党内融和を呼びかけましたが、もはや民主党の崩壊は止まらず、野田政権は一年間で三回も内閣改造を行ったあげく、平成二十四（二〇一二）年十一月十四日に国会で行われた党首討論で、自民党新総裁の安倍晋三を前に衆院解散を唐突に表明しました。

鳩山由紀夫、菅直人と二代連続して酷い政権が続いたので、野田佳彦は比較的ましだと言われていますが、私は全く評価していません。尖閣諸島の国有化は、東京都が地権者から尖閣諸島を買い取ろうとする動きを阻止するためにやっただけです。消費税を八％、一〇％の二段階で引き上げる社会保障・税「一体改革」関連法案は民主、自民、公明の三党合意により、成立にこぎ着けましたが、引き上げ時期は八％が平成二十六（二〇一四）年四月、一〇%が平成二十七（二〇一五）十月となっており、いずれも衆院任期満了後でした。税制は時の政権が自らの責任で果たすべき政策です。次の衆院選後も民主党政権が続き、野田佳彦が首相である可能性は限りなくゼロに近かったのですから、三党合意で民主党が政権与党の責任を放棄したともいえます。野田佳彦は「関連法案が成立したら近いうちに国民に信を問う」という約束をしたそうですが、それを信じて合意に応じた自民党総裁の谷垣禎一《たにがきさだかず》、公明党代表の山口那津男《なつお》は安直だったと言わざるを得ません。この税率アップの時限爆弾が仕掛けられたことにより、現首相の安倍晋三は随分と苦しむことになりました。

このように、三年四カ月続いた民主党政権はまさに「悪夢」でした。安倍晋三が平成三十一（二〇一九）年の自民党大会で「悪夢のような民主党政権」と言い、民主党政権で副総理や外相などを務めた岡田克也が激しく反発しましたが、「悪夢のような」ではなく悪夢そのものでした。日本の国際的地位は急落し、デフレ不況はより深刻化して日経平均株価は七千円台に落ち込みました。

それでも自民党にとっては、民主党政権はありがたい存在だったと思います。もし自民党政権下で東日本大震災が起きていたら、被災者支援や復興、原発事故対応などをずっと上手くやれたかも知れません。しかし、国民は最悪の事態がどういうものなのか、知らないのですから、やはり政権への批判が集中し、自民党は存亡の危機を迎えたと思います。「首相なんて誰がやっても同じだ」という無責任な意見が消えたのも、民主党政権のおかげでしょう。民主党政権がなければ、安倍晋三の復活も難しかったと思います。何度も言いますが、人間は痛い思いをしないと懲《こ》りないのです。民主党政権は、あらゆる意味で反面教師として政治史に名を刻むことになるでしょう。

# 第五章

# 政治生命復活と長期政権への布石

## 中川昭一との出会い

自民党が下野《げや》した後の平成二十一（二〇〇九）年十月三日夜、元財務相の中川昭一《しょういち》氏は自宅で就寝中に人知れず、その鼓動を止め、静かに逝ってしまいました。享年五十六。私は十月四日午前、ある官僚から電話で中川昭一の死を告げられたのですが、茫然自失《ぼうぜんじしつ》となりました。

新聞記者が政治家を名前で呼ぶことはまれですが、ほかに中川秀直《ひでなお》という同姓の政治家がいたこともあり、親しい記者たちは「昭一さん」と呼んでいました。本人も「先生」や「大臣」と呼ばれるのは嫌だったようで、どんなに大勢に囲まれた時も「昭一さん」と呼ぶと必ず振り向き、はにかむような照れ笑いを見せました。

中川昭一はシャイで真面目で不器用な男でした。ちょっと上目遣いではにかむような表情に何とも言えない「男の色気」がありました。

中川昭一の葬儀・告別式は、透き通るような青空が広がった十月九日午前、東京都港区元麻布《もとあざぶ》の麻布山善福寺《あざぶさんぜんぷくじ》でしめやかに営まれました。前日の通夜に約三千人が参列したのに続き、この日も約二千五百人が参列し、焼香の列は山門のはるか遠くまで続きました。中川昭一のポスターを握りしめ、号泣する男女もいました。

政治家も百人以上参列しましたが、中でも印象的だったのは安倍晋三でした。中川昭一の方が一歳年長で政治家歴も十年近く長かったのですが、「保守派の盟友」という陳腐《ちんぷ》な言い回しでは言い表せない強い信頼関係で結ばれていました。安倍晋三は「友人代表」として時折声を詰まらせながら弔辞《ちょうじ》を読みました。

中川昭一

「昭一さん。今日はいつもと同じように昭一さんと呼ばせて下さい。二週間ほど前、電話で話した際は大変元気で『安倍ちゃん、保守再生のために頑張ろうよ』と語りかけてくれました。その矢先の突然の訃報《ふほう》に私は言葉を失いました。返す返すも残念であり、本人もさぞかし悔しい思いであったことでしょう。

国家の基本問題で大きな議論が起きる度に、私は常に昭一さんと行動を共にしてきました。昭一さんの颯爽《さっそう》とした若武者ぶりは若手議員を奮い立たせる魅力にあふれていました。自民党の綱領から憲法改正の柱が削除されそうになった時、昭一さんは当時の党の重鎮《じゅうちん》を向こうに回し、堂々と論陣を張りましたね。時は村山政権。このままでは日本が危ないという危機感の中で教科書問題にも取り組みました。当時の政治状況から考えれば、圧倒的に不利な情勢でしたが、私たちは『日本の前途と歴史教育を考える若手議員の会』を立ち上げ、昭一さんに会長をお願いしました。批判の矢面《やおもて》に立たされる危険がある中、俗に言えば票にもつながらない、政治キャリアにはマイナスかも知れないことも昭一さんは『おれがやらねば』と引き受けてくれました。

拉致《らち》問題でも全力投球でしたね。憲法改正問題も同様でした。その後、教科書の記述は改善されました。難局に立ち向かうことで世の中を変えていく。そのためには全力で戦う。私も戦う政治家の姿をあなたから学びました。あなたの歩んできた道は、国家のため、正にその一筋で貫かれていました。

お別れの時が来ました。私は残されたご家族、ご参列の皆様に改めて申し上げたい。中川昭一は立派な政治家でした。まだまだ国家のために一緒に戦ってほしかった。私達はあなたを必要としていました。こんなことを申し上げているとはにかんだ笑顔で『そんなにほめるなよ、安倍ちゃん』という昭一さんの声が聞こえてくるようです。残された私たちはあなたが目指した誇りある日本を作るため、保守再生に向けて全力で取り組むことをお約束し、弔辞と致します。昭一さん、さようなら。安らかにお眠り下さい」

安倍晋三は中川昭一を保守派の「切り込み隊長」だったかのように語りましたが、切り込み隊長は安倍晋三であり、中川昭一はその後ろ盾でした。安倍晋三が拉致問題などで自民党執行部まで相手取って果敢に切り込んでいけたのは、後ろに中川昭一がいてくれたからです。

平成十八（二〇〇六）年の総裁選で、真っ先に安倍晋三支持を打ち出したのも中川昭一でした。これが安倍晋三を出馬させる最後の一押しになったのですが、もし中川昭一が反対していたら安倍晋三は果たして出馬したでしょうか。どちらがよかったかは今も分かりません。

私が中川昭一に出会ったのは、政治部に異動になってまもない平成十四（二〇〇二）年夏でした。阿比留瑠比の紹介で西麻布の小さな寿司店に行くと、中川昭一は上機嫌で徳利《とっくり》を傾けていました。何の話をしたのか、よく覚えていませんが、文学やスポーツ、経済など政治とは無関係な話ばかりだったように記憶しています。途中からは壁に背をもたれ、両腕で膝を抱え、遠い目で人生論を説きだしました。まるで大学生の酒盛りのような会合でした。「こんな純粋な政治家がいるのか」と新鮮な驚きがありました。

この会合をきっかけに中川昭一としばしば食事をするようになりましたが、その素顔は、世間に広がる「タカ派」「酒乱」というイメージと全く違っていました。恐ろしいほど真面目で礼儀正しく、冷たいお茶を傍《かたわ》らにチビリチビリと酒を飲むだけ。外交、経済、環境、文学、哲学——と知識は幅広く、興味のある話になると、おもむろに手帳を取りだし、熱心にメモを取り始めます。時折つまらないジョークを言ってバツが悪そうに照れ笑いする。議論で分《ぶ》が悪いとふてくされる。少年がそのまま大きくなったような人でした。

ただ、時々、わずかに飲んだだけで意識を失うほど酩酊《めいてい》することがありました。原因は持病の腰痛だったと思います。かなりひどい椎間板《ついかんばん》ヘルニアだったようで、仕事が忙しいと悪化し、痛みに耐えきれず、鎮痛剤や精神安定剤、睡眠導入剤などを大量に飲むのです。そんな状態で酒をわずかでも飲むと、誰でも意識がぶっ飛びます。しかもテニスが好きで、休日になるとテニスに行き、腰痛を悪化させていました。麻生太郎内閣当時、財務相を辞任した「酩酊」会見については後述しますが、やはり腰痛が元凶だったと思っています。

福田康夫《やすお》が首相となり、無役になったある日、東京・世田谷の中川邸に行き、本気で椎間板ヘルニアの手術を勧めたことがあります。

「腰痛のせいで政治生命を失いかねないですよ。私の妹も米国で交通事故にあって、歩けないほどの椎間板ヘルニアになったけど、手術をして子ども二人を産んで、今もピンピンしてる。福田政権になって暇なんだから、今がチャンスだ。静養をかねて米国にでも行って手術したらどうですか？」

夫人の中川郁子《ゆうこ》（元衆院議員）も「そうよ、あなた。石橋さんの言う通りよ」と同調しましたが、中川昭一は昭和の男丸出しに「うるせえ！　お前は黙ってろ」とぶち切れました。呆れて「みんな心配しているのにその言い方はないでしょう」と言うと、ふと我に返ったらしく小声になり「だって手術なんか怖いじゃないか……」。そういえば、鍼治療《はり》さえ嫌がっていました。このへんは根っからの子供でした。

## 惜しまれる大臣辞任と急逝

麻生太郎も、中川昭一の政治家の資質を見抜き、かわいがっていました。二人は元々相通じるものがあったようですが、平成十九（二〇〇七）年の自民党総裁選で麻生太郎が福田康夫に敗れ、二人とも無役となるとますます仲良くなりました。本会議場の席も隣同士でいつも楽しそうにヒソヒソ話をしていました。多くは他愛もない話だったようです。

**中川昭一**「麻生太郎（A）、中川昭一（N）、安倍晋三（A）に平沼赳夫《たけお》（H）を加えて『HANA（花）の会』になる。一回やりましょうよ」

**麻生太郎**「おっ、そりゃいいな！」

**中川昭一**「並べ替えて『AHAN（あはーん）の会』っていう手もありますよ」

**麻生太郎**「ガハハ……。なんだ、そりゃ！」

まあ、こんな調子でした。そんなある日、中川昭一は真顔で麻生太郎にこうささやいたそうです。

「麻生さん、米国発の世界恐慌がまもなく来る。思っているよりずっと早いはずです。そうなると官僚任せじゃダメだ。一緒に非常事態用の経済対策を作りませんか」

平成二十（二〇〇八）年九月のリーマン・ショックの一年近く前の話です。元日本興業銀行の銀行マンだけあって経済情勢の変化に敏感だった中川昭一は、サブプライムローンの現状などを熱心に説明し、麻生太郎も次第に引き込まれていきました。二人で練《ね》った構想が麻生太郎政権の緊急経済対策の青写真となりました。

平成二十（二〇〇八）年九月に首相に就任した麻生太郎は、まず中川昭一に財務相と金融担当相を兼務させることから人事を固めていきました。組閣の日、首相官邸に呼ばれた中川昭一は麻生太郎にこう告げられます。

「財務相と金融相を兼務してほしい。大変な仕事だが、あんたしかいない。条件は二つだ。酒を控えること。そして腰をいたわることだ」

意気に感じた中川昭一は熱心に仕事に取り組んでいました。毎朝五時すぎに起き、報告書や答弁書に目を通す。中川昭一が当時持ち歩いていた資料はいつも赤線でいっぱいでした。酒量もめっきり減りました。G20金融サミットなどで麻生太郎と政府専用機で同行した際、麻生太郎と食事をともにしましたが、中川昭一は一滴も飲まなかったそうです。麻生太郎はこう言いました。

「おれの横で松本純（当時の官房副長官）がグビグビやっているのに、酒にまったく口をつけないんだ。昭一は大した男だと思ったよ。責任感が人一倍強いんだな。国際通貨基金（IMF）への十兆円の資金拠出も真っ先に理解してくれたのは昭一だった」

にもかかわらず最悪の事件が起きてしまいました。平成二十一（二〇〇九）年二月のローマでの先進七カ国財務相・中央銀行総裁会議（G7）後の「酩酊」会見です。G7前から腰の調子を悪化させており、原因が薬の飲み合わせであることは間違いないでしょう。中川昭一は「社交上、ワインを口に含んだだけ。ゴックンはしていない」と釈明しましたが、これはウソではないと思っています。

実は私は、中川昭一の失態に半日ほど気づきませんでした。同行した記者がメールでくれた記者会見のメモはいたって普通のやりとりだったからです。しかし、映像に流れた中川昭一の姿は見るも哀れでした。「あ〜の〜」と呂律《ろれつ》の回らない様子を見れば、事情を知らない人は泥酔しているとしか思わないでしょう。あの状態なのに、やりとりを文字化すると、普通の受け答えをしているということは、目がうつろで舌が回らなくとも、頭は冴《さ》えていたということではないでしょうか。だからこそまたも腰痛で強い薬を飲み合わせたのだと思っています。

麻生太郎は「昭一は立派に仕事を果たしている。クビを切る理由がどこにあるんだ」とかばい続けましたが、辞任直前に中川昭一は私にこう打ち明けました。

「これ以上続けたら麻生さんに迷惑をかけるだけだろ。本当に申し訳ない。俺も映像を見るまでは『何を騒いでいるんだろう』と思っていたけど、映像を見てびっくりしたよ。なんだよ、あれ。あんな映像を一日中流されたら、俺自身が耐えられないよ」

中川昭一も自分で映像を見るまで、自分があそこまで醜態《しゅうたい》をさらしていたとは思っていなかったようです。中川昭一が辞任した夜、麻生太郎は声を上ずらせてこう言いました。

「いや……、今回ばかりはおれも悲しい。次の首相候補は昭一しかいないと思っていたんだ。自分が批判されるよりもずっと悲しい」

中川昭一が辞任した後もテレビは「酩酊」会見の映像を「これでもか」というほど流し続けました。プライドの高い中川昭一はさぞ辛かったことでしょう。後援会幹部が「とにかくみんなに頭を下げろ」と迫っても、頑《かたく》なに謝らなかった気持ちも分からなくもありません。

十月十六日、中川昭一の死後、地元の北海道帯広市で開かれた「哀惜《あいせき》の会」では、麻生太郎は弔辞をこう締めくくりました。

「昭ちゃん、まさかあなたの弔辞を十三歳も年上の私が読むことになろうとは思ってもいませんでした。世界同時不況の中で財務相と金融相を兼務したこと、総選挙で自民党が政権与党の座を失ったことが、今回の悲劇を生んだ一端ではないかと誠に申し訳なく思っています。あなたの業績は後世の歴史家が評価してくれる。我が身無念と思えども国のためなら本懐《ほんかい》なり。この言葉をあなたに贈りたい。どうぞ安らかに」

## 見果てぬ青嵐会《せいらんかい》の夢

中川昭一は不思議な政治家でした。政局にはとことん疎《うと》く「政治家で大事なのは政策だろ。多数派工作なんてどうでもいいじゃないか。一体何が面白いんだ」と言っていました。「保守派の論客」と言われることも嫌っていました。

「保守って一体何なんだ。家族のため、日本のため、世界のために働くことは当たり前じゃないか」

そんな中川昭一に、政治家としての執念を垣間見《かいまみ》たことがあります。中川昭一は国会近くの「十全ビル」に、父親で元農相の中川一郎（故人）から引き継いだ個人事務所を持っていました。三角形に近い奇妙な形のオフィスに父親から受け継いだ立派な木製の執務机とソファセットがあり、秘密会談にはもってこいの場所でしたが、中川昭一は政治活動にはほとんど使わず、もっぱら昼寝用の「アジト」にしていました。

そのアジトで中川昭一とともにビールを飲んでいた時のことです。中川昭一は執務机の後ろにある本棚を何やらごそごそと探し、「これを見てくれよ」と古びた茶封筒を取り出しました。入っていたのは、青嵐会の血判状でした。

青嵐会は昭和四十八年に中川一郎が政界に風穴を開けようと、石原慎太郎ら血気盛んな中堅・若手を集めて結成した政策集団です。「いたずらに議論に堕《だ》することなく、一命を賭して実践する」を信条とし、徹底した対中強硬路線を貫きましたが、ジワジワと他派閥の切り崩しを受け、六年後の昭和五十四年に解散に追い込まれました。

血判状は葬式の芳名録《ほうめいろく》などに使う和綴《わと》じ本でした。最初のページに「ここに青嵐会を結成す　中川一郎」という筆書きがあり、賛同者の署名に血判がありました。その歴史的重みに言葉を失いましたが、もっと驚いたのは脱会届をすべて同封していたことでした。「血判まで付いた仲間なのに」という中川一郎の無念を感じました。中川昭一は何も言いませんでしたが、「いつかは青嵐会の再興を」と思っていたのでしょう。それが中川昭一の政治家としての原点なのですから。

実は中川昭一が青嵐会の再結成を思い立ったことがあります。福田康夫政権が発足してまもないころでした。「保守の信条を共有する若手を集めて勉強会を作ろうと思っているんだ」と言いだしたので、私は「じゃあ、いよいよ総理を目指す気ですか」と身を乗り出しました。すると中川昭一はあっさりと首を横に振り、こう言いました。

「いや、おれは総理を目指す気はないよ。次は麻生さんを首相にするために命を賭けるつもりだ。それに安倍ちゃんにももう一回頑張ってもらわないといけないしな」

拍子抜けした私はこう言いました。

「それだったら勉強会に青嵐会と名付けるのは時期尚早でしょう。中川昭一しか使えないたった一枚のカードなんだ。機が熟すまで大事にしまっておくべきですよ」

中川昭一は不満そうな顔をしながらも何も言いませんでした。結局、その勉強会は「真・保守政策研究会」という何ともつまらない名称になりました。こんなに早く逝ってしまうならば、あの時に「いまこそ青嵐会を立ち上げるべきだ。今こそお父さんの遺志を継ぐべきだ」と言うべきでした。悔やまれてなりません。歴史に「ｉｆ《イフ》」は許されないと言いますが、もし中川昭一が生きていたら、平成二十四（二〇一二）年の総裁選に安倍晋三は出馬していたでしょうか。中川昭一を総裁に推し、自らは幹事長に収まっていた可能性だってあります。まあ、中川昭一が腰の手術をして断酒をするという条件付きではありますが。ただ、真・保守政策研究会は、中川昭一の死後、創生「日本」と名を変え、安倍晋三を首相に返り咲かせる舞台装置となりました。そういう意味では、中川昭一の盟友・安倍晋三を復活させるための置き土産《みやげ》だったとも言えます。

最後に中川昭一と会ったのは衆院選投開票日の三日後の九月二日でした。落選で気落ちしている中川昭一に奮起《ふんき》してもらおうと安倍晋三、古屋圭司《ふるやけいじ》らが都内の日本料理店で激励会を開いたのです。ところが、またもや中川昭一は酩酊会見を彷彿《ほうふつ》させる「人間のクズ」状態で現れ、小一時間ほどクダを巻いて席を立ちました。

さすがに私も腹が立ち、駐車場まで追っかけて「なんですか、あの態度は。安倍さんも古屋さんも昭一さんに早く復活してほしいと思って激励会を開いたんですよ」と怒りをぶちまけました。すると中川昭一はシュンとして「すまん。ホントにごめん。安倍ちゃんたちにも謝っておいて」と言って帰っていきました。その数日後、「日本のために頑張るからな」と元気な声で電話があり、安心していたのですが、あの会合が今生《こんじょう》の別れとなってしまうとは。残念でなりません。政治家としては、あまりに純真で、あまりに繊細で、そして不器用な人でした。そんな中川昭一に贈られた法名は「青邦院釋昭尊」。真っ青な秋空のように澄み切った心を持ち続けた政治家でした。

## 安倍晋三、地獄からの復活

民主党の野田佳彦政権末期の平成二十四（二〇一二）年八月、私は九州総局長に異動になり、生まれ故郷の福岡に赴任しました。会社側に「九月の総裁選で安倍晋三が最後の勝負に出る。なんとかこれを見届けさせてもらえませんか。それさえ終われば、九州でも北海道でもどこにでも行きますよ」と言ったのですが、認められませんでした。つまり、産経新聞でさえも安倍晋三が首相に返り咲くとは思っていなかったのです。

安倍晋三にとって平成十九（二〇〇七）年九月の退陣後の五年近くは、本人も言っているように「地獄」の日々でした。「あの時にこうすればよかった」「もしあの判断を誤らなければ」と後悔の連続で、政界引退も何度も考えたそうです。自らが陣頭指揮した参院選惨敗により、衆参にねじれが生じたことにも相当な自責の念がありました。

退陣後、数カ月間自宅で静養した後、安倍晋三は長く地元・山口に戻り、後援会や支持者に対する謝罪行脚《あんぎゃ》を続けました。後援会幹部宅を一軒一軒訪ね、詫《わ》びる毎日でしたが、ほとんどの後援会幹部は驚くほど優しく「失敗したと思うなら、それを次に生かせばいいじゃないか」と励ましてくれました。

これが長州（山口県）のすごいところだと思います。明治維新を主導し、初代首相の伊藤博文《ひろぶみ》を含め、安倍晋三まで計八人の首相を輩出した秘密はここにあります。長州の人たちは国会に送り出す政治家に対し、地元への利益誘導をあまり求めません。その代わり首相になることを求めるのです。高村正彦《こうむらまさひこ》、林芳正《よしまさ》らが総裁選に挑戦したのも、首相を狙う気概を見せ続けないと地元後援会が納得しないからです。そういう土地柄ですから、一度政権を手放した安倍晋三に対し、後援会が引導を渡す可能性も十分ありました。安倍晋三もそれを覚悟していたようですが、多くは「わしらがしっかり支えるからもう一度頑張れ」と励ましてくれたそうです。安倍晋三は次第に気力を取り戻していきました。

長い雌伏《しふく》の時を迎えた安倍晋三は、自分が何を失敗したか、何をすべきだったのかを見つめ直しました。その後の政権についてもどこで判断ミスをしたのか、自分ならどうするのか、克明にメモを書くようになりました。

地元から東京に戻った安倍晋三は、芥川《あくたがわ》龍《りゅう》之介《のすけ》の小説『杜子春《とししゅん》』のような心境だったと思います。仙人に金塊のありかを教えてもらい、金持ちになった杜子春の家には「友人」

と称する大勢の人が日参したのに、無一文になると誰も振り向きもしない。そんな話です。安倍晋三も同じでした。第一次政権発足前、おべんちゃらを言って近づいてきた政治家、閣僚、メディア関係者の大半が姿を見せなくなりました。そんな中、自分を励ましてくれた政治家、官僚、財界人、メディア関係者は誰なのか。安倍晋三の中で明確な線引きができたようです。政治家では麻生太郎や菅義偉《すがよしひで》、甘利明《あまりあきら》らは別格扱い。第一次政権で首相秘書官を務めた今井尚哉《たかや》（経産省出身、現首相秘書官）、北村滋《しげる》（警察庁出身、現内閣情報官）、田中一穂《かずほ》（財務省出身、現日本政策金融公庫総裁）、内閣広報官だった長谷川榮一（経産省出身、現首相補佐官）らを今もブレーンとして重用するのもそのためです。

人間性も変わりました。「プリンスメロン」と言われた父、安倍晋太郎譲りの優しさ、優柔不断さが影を潜め、祖父、岸信介譲りの老獪《ろうかい》さ、陰険さ、しぶとさが芽生えてきました。安倍晋三にとって平成二十四（二〇一二）年九月の総裁選は、政治生命を賭けた戦いとなりました。ここで酷い負け方をすれば引退も覚悟せねばなりません。出馬に向けてもっとも強く背中を押したのは菅義偉で、平成二十四年初頭にはこう言っていました。

「なあ、このままでは日本は本当に終わってしまう。色々考えたけど、やっぱり安倍晋三にもう一度やってもらうしかないだろ？」

平成二十四年夏前の政治状況は今と随分違います。多くの政界関係者は、首相の野田佳彦が衆院を解散しても、谷垣禎一《たにがきさだかず》率いる自民党では過半数に届かず、公明党以外との連立も模索しなければならないと考えていました。東京都知事の石原慎太郎は、大阪市長の橋下徹率いる日本維新の会と連携を強めており、国政復帰して首相を狙う構想が動いていました。民主党の仙谷由人《せんごくよしと》らは自民、民主の大連立構想を再び動かそうとしていました。副総裁の大島理森《ただもり》ら自民党執行部も単独過半数獲得に自信を持てず、どう連立を組むかを真剣に悩んでいました。そんな中、安倍晋三は民主党との大連立に真っ向から反対し、こう言いました。

菅義偉

「旧民社党系が民主党を割るなら連立を考えてもよいが、自治労や日教組など旧総評系のリベラル勢力まで含めて

甘利明

大連立を組むなんて論外だ。そんなことをしたら自民党は支持者から完全に見放されるよ。民主党にあそこまで酷いことをされたのを忘れたのか。しかもあんなでたらめな政権運営で外交も経済も滅茶苦茶になった。連立を組んでどうやって日本を立て直すつもりなのか。全く理解できないね」

自民党総裁選は当初、谷垣禎一が続投に強い意欲を示し、対抗馬として石破茂や安倍晋三の名が挙がっていましたが、谷垣禎一が優勢だとみられていました。ところが、九月に入って幹事長の石原伸晃《のぶてる》が出馬表明すると、いきなり雲行きが変わりました。森喜朗、青木幹雄、古賀誠ら重鎮《じゅうちん》が相次いで石原伸晃支持を表明したからです。次の衆院選で日本維新の会と連立を組むことを前提にした動きです。自社連立で社会党委員長の村山富市《とみいち》を首班指名したように、石原慎太郎の首班指名も視野に入れていました。

森喜朗は後に「あれは石原慎太郎さんに頼まれたから伸晃君を支持したんだ。前の東京都知事選で引退を考えていたのに、無理して続投してもらったからね」と言っていましたが、森喜朗が石原伸晃を支持したのは、安倍晋三が創生「日本」を軸に出馬に動きだしたからだと考えています。清和研《せいわけん》が分裂選挙となることを覚悟の上で、元官房長官の町村信孝《まちむらのぶたか》（故人）の出馬を認めたのも、安倍再選封じの一環だったのでしょう。

## 奇跡の総裁選秘話

安倍晋三は、麻生太郎が支持してくれるかどうかがカギになると考えていました。次の衆院選で保守勢力を結集させるには安倍―麻生コンビで戦うしかないと考えたからです。

私はすでに九州総局長として福岡に赴任していたので、プレ総裁選の動きをつぶさに追っていたわけではありません。ところが福岡にいたことが幸いしました。福岡県は麻生太郎の地元であり、安倍晋三の地元・山口県も九州総局のテリトリーでした。二人は頻繁に地元入りしましたし、地元後援会にも人脈を広げることができました。

お盆明けの八月十七日、麻生太郎が「明日、福岡に帰るから飯でも食おう」と突然電話してきました。指定された福岡・天神《てんじん》の外れにある小さなイタリアンレストランに行くと、麻生太郎が待っていました。

「お前、今回はどう考えても谷垣だろうが。参院選も地方選もきっちり勝って自民党総裁として何の瑕疵《かし》もないのに下ろす理由なんかどこにもないだろ。それに安倍はまだ傷が癒えていねえ。ここで無理して出馬して負けたら終わりだぞ。だから俺は安倍に『まだ若いんだから一度、厚労相か何か重要閣僚をしろ。総裁選はその後だ』と言ったんだ。違うか？」

私は「谷垣さんで総裁選を勝てますか。森さんや古賀さんは石原伸晃を推しているんですよ。石破茂もいる。それに、そう遠くない時期に行われる衆院選も、谷垣総裁で自民党は勝てますかね。谷垣さんは真面目で立派だけど、民主党に融和的すぎる。最初から連立を前提にして衆院選を勝てますか。ありえないでしょ。自民党支持層は戻ってくれませんよ。安倍と麻生がタッグを組んでこそ保守層は本気になるんですよ」と言いましたが、麻生太郎は頑《がん》として譲りません。そこでやむなくこう言いました。

「麻生さんは谷垣さんに随分恩を売りましたが、彼は借りを返したことがありますか。麻生派と谷垣派の宏池会《こうちかい》合流構想だって結局袖《そで》にされ、谷垣さんは古賀さんの方に走ったじゃないですか。貸しはあれども借りはない。でも、安倍さんにはずいぶん恩義がありますよね。たった二十人の派閥の領袖《りょうしゅう》が首相になれたのはなぜですか。安倍さんが『次は絶対に麻生さんだ』と言ったからでしょ。だから中川昭一も菅義偉も甘利明も集まってくれた。それでも麻生政権で安倍さんに閣僚ポストを与えることさえしなかったじゃないですか。それで今回は谷垣支持じゃ、渡世《とせい》の義理を果たせないんじゃないですか」

すると麻生太郎は「お前に渡世の義理を言われる筋合いはねえ!」と怒りだしたので話はここで終わりましたが、その後も安倍晋三は何度も東京・神山町《かみやまちょう》の自宅に足を運び、麻生太郎に頭を下げ続けました。「今回は無理しない方がいい」と不出馬を促《うなが》す麻生太郎に対し、安倍晋三はこう言いました。

「いや日本の本当の危機です。今回出なければダメなんです。でも麻生さんの支持を得ることができなければ、私は総裁選に出ません」

麻生太郎も相当悩んだようです。ここでひと肌脱いだのが、麻生太郎の参謀で福岡県議会議員の中村明彦でした。中村明彦は麻生太郎の東京の自宅にまで押しかけ、安倍支持を訴えました。

「あの〜、怒らんで聞いてくださいよ。親父（麻生太郎のこと）が引退して軽井沢の別荘でゆっくり昔話を語り合いたいと思うのは誰ですか。谷垣ですか？　石破ですか？　石原ですか？」

麻生太郎が「そんなの安倍に決まってるじゃねえか」と応じると、中村明彦は「そうでしょう」とにっこり笑って帰っていったそうです。結局、谷垣禎一はジワジワと包囲網を狭められていき、九月十日に「党執行部から二人が立候補するのは好ましくない」として不出馬を表明しました。総裁選告示前日の十三日、麻生太郎は麻生派（当時は為公会《いこうかい》）で安倍晋三支持を決めた上で記者会見を開き、こう言いました。

「石原さんが出馬したから谷垣さんが出られなくなったんじゃねえのか。石原さんを幹事長にしたのは谷垣さん、石破さんを政調会長にしたのも谷垣さん。俺の記憶ではそうなんだがね。それが石原、石破が反谷垣になって出馬するというのは私の渡世の考え方からすれば考えられんな。こういうのを下克上《げこくじょう》というのか。どっかの新聞は明智光秀《あけちみつひで》と書いていたけど。う〜ん、平成の明智光秀とかありがたくない冠をこの人は当分いただくことになるんだと思うけどね」

テレビでこの中継を見て思わずのけぞりました。「渡世の義理」という言葉が、よほど麻生太郎の心に突き刺さっていたようです。

総裁選は、安倍晋三、石破茂、石原伸晃、林芳正、町村信孝の五人の戦いとなりました。麻生太郎の参戦により、安倍晋三陣営は勢いづきました。宏池会（古賀派）でも谷垣禎一に近いメンバーが水面下で、安倍支持で動き始めました。それでもまだ「政権放り出し」のネガティブイメージがつきまとい、議員票も党員票も今ひとつ支持は広がりませんでした。党員票のてこ入れのために福岡入りした菅義偉が、福岡・天神のホテルの喫茶店でコーヒーを飲みながら「日本を再生するには安倍さんしかない。ここで負けるわけにはいかないんだ」と言っていたのを今も鮮明に覚えています。

「地方票は石破茂が圧倒的に多い、安倍晋三は大きく水をあけられている」。総裁選投開票日の九月二十六日午前にこんな情報が流れ、ホテルニューオータニで開かれた安倍陣営の決起集会はお通夜のような雰囲気になりました。験担《げんかつ》ぎのカツカレーをみんなが黙々と食べていると、麻生太郎が入ってきてこう言いました。

「何を浮かねえ顔をしているんだ？　この中で党員の票だけで当選してきた奴はいるのか？　俺たちの後ろには十万人の有権者がついているんだ。自信を持って安倍晋三に投票しようじゃねえか」

この一言で負け戦《いくさ》ムードが吹っ飛んだそうです。麻生太郎には、こういう火事場の馬鹿力があるのです。午後に自民党本部で行われた総裁選の投開票で、トップは石破茂で議員票三十四票、地方票百六十五票の計百九十九票。安倍晋三は議員票五十四票、地方票八十七票の計百四十一票の二位でした。石原伸晃は議員票五十八票、地方票三十八票で三位に沈みました。石破茂の得票は過半数（二百五十票）に届かなかったので、石破茂と安倍晋三で国会議員による決選投票が行われることになり、結果は安倍晋三百八票、石破茂八十九票で、安倍晋三が第二十五代自民党総裁に返り咲きました。

十一月十四日、首相の野田佳彦は安倍晋三との党首討論で十一月十六日に衆院を解散することを明言しました。翌十二月四日公示、十二月十六日投開票の衆院選で、自民党は二百九十四議席で大勝しました。前回衆院選で三百八議席を獲得した民主党はわずか五十七議席と惨敗しました。日本維新の会は五十四議席と躍進しました。

十二月二十六日、第九十六代首相に首班指名された安倍晋三は、第二次安倍内閣を発足させました。その後、衆院選二回、参院選二回で安倍晋三率いる自民党は勝ち続け、六年半を超えた今も第四次安倍改造内閣として国政運営を続けています。

# 終章　したたかな成長と、長期政権の功罪

第二次内閣で安倍晋三は、副総理兼財務相に麻生太郎を、官房長官に菅義偉を、経済再生担当相に甘利明を充《あ》てました。死去した中川昭一を除く「ＮＡＳＡの会」が内閣の骨格です。外相は岸田文雄《ふみお》、法相は谷垣禎一、経産相は茂木敏充《もてぎとしみつ》──と重要閣僚は実力と派閥のバランスに配慮しました。第一次安倍内閣とは比べものにならぬほど強力な布陣です。総裁選の行きがかり上、幹事長に石破茂《いしばしげる》を起用せざるを得ませんでしたが、お目付役として、副総裁に高村正彦《こうむらまさひこ》を起用しました。

五年余りの雌伏《しふく》の時を経て、いかに安倍晋三が政治家として成長したか、よくお分かりになると思います。安倍晋三も「最高の布陣」と考えていたようで、閣僚待機組の声に押されて平成二十六（二〇一四）年九月三日に内閣改造するまで、戦後最長の六百十七日間も同じ布陣を続けました。

それでも安倍政権がこれほど長く続くとは、おそらく誰も思っていなかったのではない

でしょうか。私もそうです。平成二十六（二〇一四）年十月に政治部長として政治部に戻り、「安倍政権の間に戻れてよかった。最後まで見届けなければ」と思っていたのですが、結局、私の方が早く退社してしまいました。

なぜ安倍晋三はこれほどまでの長期政権を実現できたのでしょうか。

一つは、デフレ克服に向けたアベノミクスが奏功しました。日銀総裁の黒田東彦《くろだはるひこ》の「大胆な金融緩和」による円安誘導もあり、景気は長く続いた低迷から抜け出し、民主党政権で七千円台まで落ち込んだ日経平均株価は二万円を超えました。景気や株価と内閣支持率は相関関係にあります。この緩やかな景気の上昇傾向が長期政権の基盤になったことは間違いありません。

もう一つは自民党が大きく変わったことでしょう。平成二十一（二〇〇九）年の自民党大敗により、自民党の衆院議員数は三分の一近くまで減り、多くのベテラン議員が引退しました。ここで生き残った森喜朗、福田康夫、古賀誠ら重鎮も平成二十四（二〇一二）年十二月の衆院選を機に引退しました。小泉純一郎は平成二十一（二〇〇九）年の衆院選で地盤を二男の小泉進次郎に譲っており、「参院のドン」だった青木幹雄も平成二十二（二〇一〇）年七月の参院選で引退しました。安倍晋三よりも当選回数が上の有力議員は、麻生太郎、伊吹文明、二階敏博、甘利明ら数えるほどしか残っていません。

安倍晋三や岸田文雄らが初当選した平成五（一九九三）年七月の衆院選は中選挙区制最後の選挙でした。森喜朗、古賀誠らの引退により、中選挙区制時代からずっと続いた派閥政治の習わしの多くは消え去りました。小泉純一郎が派閥政治を半分ぶっ壊したこともありますが、人事や政策を官邸主導で行えるようになったことは安倍晋三にとって大きなプラスだったと思います。

それでも危機は何度もありました。平成二十五（二〇一三）年秋の臨時国会に提出した特定機密保護法案の審議では、民主党など野党や朝日新聞など一部メディアが「言論弾圧」「知る権利が奪われる」などと激しい反対キャンペーンを展開しました。防衛・安全保障に関わる国家機密の漏洩《ろうえい》に罰則を処す法律のどこが「言論弾圧」なのでしょうか。しかも朝日新聞も民主党も、究極の言論弾圧法案である人権擁護法案に賛成しています。片腹痛いとしか言いようがありません。

集団的自衛権行使を一部容認する平和安全法制（安保法制）の反対キャンペーンはさらに醜悪《しゅうあく》でした。平成二十七（二〇一五）年の通常国会は平和安全法制を成立させるために、会期を九月二十七日まで延長したロングラン国会となりました。民主党は共産党とともに

「戦争法案」「徴兵制復活」など訳の分からないレッテルを貼って法案に反対し、九月十七日に法案が参院本会議に緊急上程されると、内閣不信任決議案や問責決議案で対抗したあげく、本会議をボイコットし、国会前に集まった左翼系市民団体とともに「戦争法案反対」と気勢を揚げました。安倍晋三が岸信介《のぶすけ》の孫なので、六〇年安保闘争の再来を狙ったのでしょうか。確かにデモ隊は高齢者がやたらと多かったですが、「アナクロニズムも甚《はなは》だしい」とあきれかえりました。

私は六〇年安保闘争も、日米同盟弱体化を狙った親ソ連派、親中国派の策謀だと分析していますが、五十年前と比べると東アジア情勢は激変しています。中国は民主党政権時の二〇一〇年に日本のGDPを抜き、世界第二位に躍り出ました。国防費も二〇一九年予算で一兆一千八百九十八億元（約十九兆円八千億円）。公表ベースで日本の防衛費の約四倍、実態は六倍以上だと言われています。しかも海軍力を大幅に増強し、空母、戦略型原潜なども保有し、南シナ海や東シナ海で「力による現状変更」を続け、その触手を太平洋にまで伸ばしているのです。

その現状をみて「米軍基地があるから沖縄が戦争に巻き込まれる」と言うのでしょうか。現状を見れば「米軍基地は中国の軍拡を阻む抑止力」となっているのは明らかです。にもかかわらず、平和安全法制を「戦争法案」呼ばわりするのは、よほど勉強不足なのか、中国の意向を代弁しているのか。平和安全法制でメディアと野党があれほど反対キャンペーンを繰り広げても、安倍晋三政権が倒れず、その後の国政選挙で勝ち続けているのは、国民の多くが日本の置かれている国際情勢の厳しさを肌で感じているからです。これこそ安倍政権がこれほど長く続いている最大の理由だと思います。

もう一つ挙げるとすると、パソコンやスマートフォンの普及によるSNSの拡大ではないでしょうか。反安倍キャンペーンの多くはSNSによって鎮火されてきたからです。朝日新聞などは「ネトウヨだ」「フェイクだ」などとレッテルを貼り、SNSの影響力を削《そ》ごうと躍起になっていますが、それでは朝日新聞の慰安婦キャンペーンは何だったのでしょうか。天に唾《つば》するとはこのことです。

平成二十八（二〇一六）年は学校法人森友学園の土地取引疑惑、学校法人加計《かけ》学園の獣医学部新設問題、いわゆる「もり・かけ」疑惑で持ちきりでした。内閣支持率も一時急落しましたが、安倍晋三と疑惑を結びつける証拠や証言は今なお出ていません。内閣支持率もすっかり持ち直しました。都合のよい方向に世論を誘導しようとする既存メディアの報道姿勢を、国民の多くは見透《みす》かしているのです。既存メディアは「マスゴミ」呼ばわりされている原因を自らに求めなければ、衰退していくばかりだと思います。日本人は平成の激動の政治史を通じて、政権交代は決してバラ色ではないことを学びました。また、不安定な短期政権が続くと国力が衰退していくことにも気づいたのでしょう。

安倍政権の最大の成果は外交・安全保障にあります。日米同盟を基軸とした「地球儀を俯瞰《ふかん》する外交」は奏功し、その延長線上にあるインド太平洋戦略は日米印豪で共有されるようになりました。安倍外交の要諦《ようてい》は、中国の軍事的・経済的な海洋権益拡大を封じ込めることにあります。こうした構想を、日米同盟を主軸に前に進めたことにより、中国も軟化し、中国国家主席の習近平は平成三十（二〇一八）年十月の安倍晋三との首脳会談で「日中関係は正常な軌道に戻った」と認めました。長期政権でなければ、これらの実現は不可能でした。

安倍晋三が「一強」となり得た一因として、安易に「看板」を変えない頑固さがあります。これは大変重要な意味があるのです。

前に書いた通り、平成前半の自民党は、河野洋平や加藤紘一、野中広務に代表されるようなリベラル勢力が席巻《せっけん》していました。安倍晋三は一回生議員の頃から彼らのリベラル路線に刃向かってばかりいる異端児でした。それでも自民党を離党したり、新党に参画しようとしたことは一度もありません。いかに自民党内で干されようとも、自民党に留まり、内部からの変革を目指しました。派閥も一貫して清和政策研究会（旧清和会）に所属してきました。森喜朗が首相になるまでの清和研はほぼ一貫して非主流派であり、「与党内野党」と揶揄《やゆ》されていました。三塚博と加藤六月の「三六戦争」や、亀井静香らの集団離脱など派内抗争が続きましたが、安倍晋三は清和研に留まりました。祖父の岸信介が創設し、父の安倍晋太郎が領袖を務めた清和会の看板を守ることが自分の務めだと考えたからです。第一次安倍政権を退陣した後は無役が続き、新派閥を発足させる話がいくつも持ち込まれましたが、安倍晋三は頑として応じませんでした。当時、勢いづいていた日本維新の会から「首相候補」として入党の誘いもありましたが、これもあっさりと断っています。

平成政治史は、政党の離合集散の歴史でもあります。その元凶は小沢一郎でした。田中角栄（故人）や自民党副総裁などを歴任した金丸信（故人）の寵愛《ちょうあい》と庇護《ひご》を受けた小沢一郎は、四十七歳で自民党幹事長に就任するなど、自民党を欲しいままに操ってきましたが、平成四（一九九二）年に東京佐川急便事件で金丸信が議員辞職し、小渕恵三が経世会の領袖の座に就くと、経世会を飛び出し、後に首相となる羽田孜《はたつとむ》（故人）とともに「改革フォーラム21」を発足させます。平成五（一九九三）年六月には、政治改革をめぐって首相の宮澤喜一と対立を深め、野党提出の内閣不信任案に賛成し、羽田らとともに集団離党して新生党を結成。日本新党を率いる細川護熙を首相に担ぎ、非自民連立政権を発足させました。その後、小沢一郎は新進党、自由党を結党しては潰し、民主党に合流します。野田佳彦内閣の平成二十四（二〇一二）年七月には、税と社会保障の一体改革に反対して離党し、新党「国民の生活が第一」を結党しました。さらにその後も「日本未来の党」→「生活の党」→「生活の党と山本太郎と仲間たち」→「自由党」と変遷を続け、平成三十一（二〇一九）年四月に国民民主党に合流して今に至ります。これほど栄枯盛衰《えいこせいすい》を繰り返し、毀誉褒貶《きよほうへん》の激しい政治家は他にいません。

なぜ、小沢一郎の軌跡を説明したかと言えば、安倍晋三と好対照をなしているからです。小沢一郎は老舗《しにせ》の「看板」を守ることの重要性をあまり分かっていません。それだけ自分に自信があるのでしょうが、決して幸せとは言えない政治人生を歩むことになった理由はここにあると思います。

分かりやすい例えがあります。昭和五十九（一九八四）年六月の山口組分裂と、その後の山一抗争です。山口組三代目の田岡一雄《たおかかずお》の死後、山口組では跡目《あとめ》争いが起き、竹中正久《たけなかまさひさ》の四代目襲名を機に、組長代行だった山本広《ひろし》らが脱会し、一和会《いちわかい》を結成しました。

結成当初の一和会の構成員は総勢七千人、山口組よりも優勢でした。大阪府警や兵庫県警の捜査員の間でも「近い将来、一和会が関西を制圧する」という見方が強かったのです。ところが、一和会は傘下組織を山口組に次々に切り崩され、ジワジワと劣勢に追い込まれていきました。昭和六十(一九八五)年一月、四代目の竹中正久と若頭の中山勝正《かつまさ》の射殺事件は、一和会が劣勢を一気に挽回《ばんかい》しようとして起こしたのです。これが山口組の激しい報復を招き、一和会はますます弱体化しました。昭和六十二(一九八七)年に抗争は終結、平成元(一九八九)年三月の山本広の引退をもって一和会は消滅しました。

なぜ一和会は消滅したのでしょうか。それは山口組の「代紋《だいもん》」を捨てたからです。「山《やま》菱《びし》」の代紋がなければ、傘下組織は「シノギ」ができなかったのです。現在、山口組と神戸山口組と任侠《にんきょう》山口組の三つに分裂したそれぞれが山口組を名乗り、「山菱」の代紋を掲げているのは、一和会の失敗を知っているからでしょう。

ヤクザの世界と政界はよく似ています。いかに反主流として干されようとも、政党支持率が下がろうとも、自民党と清和会の「看板＝代紋」にこだわった安倍晋三と、気にくわないことがあると簡単に政党を捨てた小沢一郎の差はここにあると思います。

ですから民主党の看板をいとも簡単に捨て、民進党に衣替えした岡田克也は、本当に愚かだと思います。案の定、名前を変えても支持率は戻りませんでした。民主党は平成八（一九九六）年に結成された比較的新しい政党ですが、創業メンバーである鳩山由紀夫が、昭和三十（一九五五）年の保守合同前に、日本民主党を率いた鳩山一郎の孫であることから、ある種の正統性がありました。だからこそ一度は政権を取れたのだと思います。こういう正統性、看板の重みを大切にしない勢力は、一時的に時流に乗れても長続きしません。国際社会ではもっと通用しません。

安倍晋三と同じく「代紋」にこだわる政治家がもう一人います。麻生太郎です。麻生太郎は平成十（一九九八）年十二月、加藤紘一が宏池会領袖となったことに反発して、宏池会を飛び出し、河野洋平を担いで大勇会を結成しましたが、この時に宏池会の看板を捨ててしまったことを心から悔やみました。

「加藤紘一が領袖になっても、我慢して宏池会に留まっていれば勝機はあった。仮に飛び出しても大勇会などを名乗らずに、無理矢理に宏池会を名乗った方が、その後の苦労は少なかったんじゃないですかね。保守本流を掲げたかったら宏池会か清和会を名乗るしかないでしょう」

ずいぶん昔、私がこう言うと、麻生太郎は「うーん、確かに代紋の威力はでけえからな」

とつぶやいていました。宏池会は元首相の池田勇人が結成した名門派閥で、麻生太郎は、自分こそが宏池会の正統な継承者であり、宏池会の再興が政治家として最後の使命だと思っているのです。ですから、麻生太郎のここ十数年の動きは宏池会の看板を取り戻すことにありました。平成十二（二〇〇〇）年十一月、前述の「加藤の乱」で宏池会が、谷垣（禎一）派と古賀（誠）派に割れた後は、頻繁に両派と接触し、合併を模索してきました。

麻生太郎は平成十八（二〇〇六）年十二月に大勇会を継承すると同時に為公会に改名しました。「天下以て公と為す」という、孫文が好んで揮毫《きごう》したことで知られる中国古典「礼記」の一節から取った派閥名です。麻生太郎の座右の銘でもあり、実に味のあるネーミングでしたが、平成二十九（二〇一七）年七月に元首相の三木武夫（故人）の流れを汲む番町政策研究所（当時は山東昭子派）と合流した際、あっさりと為公会の名を捨てて「志公会」に衣替えしました。麻生太郎は「いずれは宏池会と合流するのだから」と考え、名を捨てて実を取ったようですが、為公会は麻生太郎の政治理念そのものだっただけに、残念に思います。麻生太郎の信奉者は政界に結構多いですから、もしかすると将来、為公会という名がどこかで復活するかも知れません。

麻生太郎は五年ほど前からこんなことを言い出しました。

「よく聞けよ。二大政党制なんて国民にとって良い事なんて一つもない。経済も外交も混乱するだけだ。米国や英国だってそうじゃねえか。日本人も民主党政権で懲りただろ。ただ、自民党がずっと政権を担うとなると、権力は必ず腐る。だから二大派閥制なんだ。清和研と宏池会がつねに切磋琢磨《せっさたくま》して政策論を戦わせ、首相の座を争う。な、これが健全な民主主義ってもんだろ？」

こう説教されたのは私だけではないはずです。正しいか、正しくないかは別として、麻生太郎は「二大派閥制」の実現に向け、動き続けると思います。政界引退後も宏池会に隠然たる力を持つ古賀誠とそりが合わないだけに、宏池会との合流構想はなかなか進みませんが、現在の宏池会領袖で自民党政調会長の岸田文雄は「ポスト安倍」の有力候補と言われています。本気で自民党総裁を目指すのならば、総勢六十人の派閥を率いる麻生太郎の協力は不可欠となります。ですから宏池会合流はいつ動き出してもおかしくないのです。

安定した長期政権はよいことばかりではありません。野党は言うに及ばず、自民党にも次世代を担う政治家が育っていないからです。岸田文雄、経済再生担当相の茂木敏光、外相の河野太郎、元自民党幹事長の石破茂――。巷間《こうかん》言われている「ポスト安倍」は帯《おび》に短し、襷《たすき》に長しでパッとしません。

なぜこうなったのでしょうか。それはドロドロの政局があってこそ、政治家は成長するからです。自民党でも郵政解散前の政局を経験した政治家と、それ以降に当選した政治家では胆力もずる賢さも比較になりません。平成二十四（二〇一二）年十二月の衆院選で、安倍晋三が政権を奪還した際に初当選した議員が「魔の三回生」と言われ、問題を起こす議員がやたらと多いのも、厳しい政局、厳しい選挙を経験していないからです。厳しい政局や選挙があれば、ダメな議員は自然に淘汰《とうた》されるものなのです。

派閥もすっかり弱体化してしまいました。この数十年、派閥の弊害《へいがい》ばかりが強調されてきましたが、派閥は政治家の教育機関の役割を担っていました。森喜朗も、小泉純一郎も、首相時代に安倍晋三を官房副長官として傍《そば》に置き、政府や党をどう統治するかを学ばせました。田中角栄も小沢一郎を東京・目白の自宅に通わせ、自らの手法を伝授しました。竹下登も小渕恵三《おぶちけいぞう》らを育てました。これが木曜クラブ（田中派）～経世会《けいせいかい》～平成研と権勢を振るったこの派閥の強みだったはずですが、いつのまにかそんな伝統も失われてしまいました。それに近いことをやっているのは参院自民党くらいです。

政治家と同様に、政治部記者も小粒になっています。政局があってこそ政治部記者は強くなります。若い記者は本格的な政局を知らないのですから仕方がありませんが、政局や選挙でしか政治家は素顔を見せません。政治家と新聞記者の距離も遠くなっているように見えます。

政治家と新聞記者は似ている。つくづくそう思います。なぜか。人に嫌われるのを厭《いと》わないことが求められるからです。人はみな「みんなに好かれたい」という願望を持っています。だからみんなにいい顔をしてしまう。でもこれは実は誰にも信頼されないのとニアリー・イコールなんですよ。私だって好意を持っている人に嫌われるとショックですが、自分が嫌いな人間に嫌われても何ともありません。そもそも自分が嫌いな人間に好かれたいなんておこがましいじゃないですか。

第一次安倍政権の挫折を経て、安倍晋三もこれに気づいたのではないでしょうか。野党に嫌われようと、朝日新聞に嫌われようと構わない。むしろ嫌われてうれしい。そう割り切るようになったからこそ、強い首相に生まれ変わったのだと思います。

しかし、残念ながら国会議員も、政治部記者も、こう割り切っている人はめっきり減りました。みんなにいい顔をしようとします。こういう状況は危険です。安倍晋三の総裁任期は長くともあと二年余り。その後、政界は再び混乱期を迎えるでしょう。中国や北朝鮮など東アジア情勢が予断を許さぬ中、政界が再び十年前のように混沌《こんとん》として何も決まらない状況に陥《おちい》ることは極めて危険ですが、かなりの確率でそうなると思っています。

だからこそ政治部記者は、政界の裏側で起きている暗闘をできる限り、リアルに伝えていってほしい。これから政界で起きることこそが、日本の明暗を分けることになると思っているからです。

私がこの本で書いた政界の舞台裏は、政界全体でみるとごく一部分にすぎないでしょう。同じ事象を私と全く別の見方をする人が大勢いると思います。それでも、この本が、将来の政界の動きを読み解く上での一助になればありがたいと考えています。

なお、出版に際し、『月刊Hanada』編集長の花田紀凱、ジャーナリストの櫻井よしこ両氏をはじめ、たくさんの方からさまざまな支援・助言をいただきました。心から感謝を申し上げます。

**石橋　文登（いしばし・ふみと）**

政治ジャーナリスト、産経新聞前編集局次長兼政治部長。1966年、福岡県生まれ。90年、京都大学農学部を卒業後、産経新聞社に入社。奈良支局、京都総局、大阪社会部を経て2002年に政治部に異動。拉致問題、郵政解散をはじめ小泉政権から麻生政権まで政局の最前線で取材。政治部次長を経て、編集局次長兼政治部長などを歴任。2019年4月、同社を退社。6月から千葉工業大学審議役。

# 安倍「一強」の秘密

2019年7月14日　第1刷発行

著　　者　石橋文登
発 行 者　土井尚道
発 行 所　株式会社　飛鳥新社
〒101-0003　東京都千代田区一ツ橋2-4-3　光文恒産ビル
電話　03-3263-7770（営業）　03-3263-7773（編集）
http://www.asukashinsha.co.jp
装　　幀　神長文夫＋松岡昌代
撮　　影　佐藤英明
印刷・製本　中央精版印刷株式会社


ISBN 978-4-86410-710-5


編集担当　工藤博海